Cross-border Migration and the Nation-State

Transformation of Civil Society in the Post-Globalization World

移動する人々と 国民国家

ポスト・グローバル化時代における市民社会の変容

杉村美紀 ［編著］
Sugimura Miki

近藤孝弘
Kondo Takahiro

アーノルト・メンゲルコッホ
Arnold Mengelkoch

フランソワーズ・ウヴラール
Françoise Œuvrard

園山大祐
Sonoyama Daisuke

江原裕美
Ehara Hiromi

二井紀美子
Nii Kimiko

丸山英樹
Maruyama Hideki

［著］

明石書店

はしがき

　グローバル化に伴う人の移動が活発化するのに伴い、多文化社会にどのような課題があり、それに対してどのように対応するかということは今日、喫緊の問題となっている。教育においても、多様化する教育現場で、社会の教育政策の方向性や、それに対して一般の人々が持つ教育需要とのあいだで様々な意見や立場の違いがあることをふまえ、移動する人々を多く抱える社会における教育のあり方が議論されてきた。

　人々が生まれ育った故郷や長年生活したコミュニティから移動する際にはいろいろな場合がある。紛争や対立から逃れるための移動、就業や留学するための移動、国際結婚による移動など、人々が自分の意志で移動する際には様々な理由がある。その一方で本来は移動したくないにもかかわらず、政治経済状況や社会の変化により移動せざるを得ない場合もある。ここには、予期せぬ大規模災害によって移動を余儀なくされる場合も含まれる。

　こうした様々な移動の中で、人々の生活や社会への適応を支える教育分野では、「移動する人々をいかに受け入れるか、あるいは、人々は移動先でどのような教育を受け、異なる文化を持つ社会に対峙しているか」という観点から研究が蓄積されてきた。そうした先行研究を土台に、本書では、教育に焦点を当てながらも、人の国際移動が、社会文化的背景や移動に対する国民国家の教育政策の中でいかに捉えられているか、あるいは移動する人々は、国家の枠組みや移動先の市民社会の中でどのように移動を考えているかという観点から、人々の移動そのものに焦点を当てた分析を行うこととした。いわば「移動」そのものを比較教育学的視点から見つめ直してみようというのが本書の趣旨である。

　折しも、本書を準備しているあいだに、多文化共生をめぐる問題が急展開し、英国のEU離脱問題や米国におけるトランプ政権の保護主義問題が起きた。多文化主義を掲げてきた国々において、マジョリティとマイノリティ双方

から不満が示され、多文化主義政策をめぐる状況が深刻化する中で、グローバル化が進むことで次第に国境線がなくなっていくという予測は見直さざるを得なくなった。こうした状況の中で、国民国家にとらわれない市民社会の変容は、引き続き国民国家の存在を強く意識する中で描かざるを得ないという新たな状況が生まれている。すなわち、グローバル化の下では国民国家の枠を超えると考えられていたものが、あらためて国民国家のありかたを再定義することが求められているのである。すでに始まっているこうしたポスト・グローバル化の動きの中で、本書が、そうした国民国家の相対化を考える上での一助となれば、望外の喜びである。

　2017年9月

編者　杉村 美紀

目　次

移動する人々と国民国家

ポスト・グローバル化時代における市民社会の変容

はしがき　3

序　章　　人の国際移動と多文化社会の変容　9
　　　　　　　　　　　　　　　　　　　　　　　　　　　杉村　美紀

第1章　　ドイツの歴史教育における移民国家像の変容　21
　　　　　　　　　　　　　　　　　　　　　　　　　　　近藤　孝弘
　　　第1節　外国人法から移民法へ　22
　　　第2節　歴史教科書に見る移民の記憶史　24
　　　第3節　ドイツの歴史教育における移民像の変遷　28
　　　第4節　人権と経済的合理性の追求　37

第2章　　ベルリン・ノイケルンにおける移民統合の試み　45
　　　　　　　　　　　　　　　　　　　アーノルト・メンゲルコッホ
　　　第1節　ノイケルン区における移民政策の背景　46
　　　第2節　統合政策とその目的　48
　　　第3節　総合的な政策の必要　57
　　　第4節　「ノイケルンは難民を歓迎します！」　59
　　　第5節　市民としての移民を目指して　62

第3章　　マレーシアの「複合社会」と移動する人々　65
　　　　　　──マイグレーションとしての外国人労働者・留学生に対峙する国民国家
　　　　　　　　　　　　　　　　　　　　　　　　　　　杉村　美紀

　　　はじめに　66
　　　第1節　「複合社会」を抱える国民国家マレーシア　67
　　　第2節　外国人労働者をめぐる問題　69
　　　第3節　留学生受け入れをめぐる問題　73
　　　おわりに：「複合社会」を抱える国民国家の重層性　77

第4章　フランスにおける外国籍児童生徒と移民の子ども　83
――学業達成と職業参入にみる課題

フランソワーズ・ウヴラール／園山　大祐

はじめに　84

第1節　移民とは　84

第2節　外国籍および移民の子ども　86

第3節　外国籍児童生徒または新規入国者の受け入れ体制　88

第4節　学力と学業達成　91

第5節　職業参入　95

おわりに　96

第5章　フランスにおける社会統合と女性移民の地区外逃避　99
――リヨン市郊外にみる女性移民の成功モデル

園山　大祐

はじめに　100

第1節　郊外とは　102

第2節　郊外の若者調査　105

第3節　郊外の若者の移行問題：
ブロン＝パリリー市にみる五つのタイプ　107

第4節　地区に残るか、残らないか　109

第5節　女性移民の地区外逃避成功モデルの特徴　111

おわりに　113

第6章　ラテンアメリカ人移民の変容と国家　119
――在外コミュニティの動向と政策から　　　　　　江原　裕美

第1節　ラテンアメリカ出身の国際移民の行き先とプロフィール　120

第2節　近年のラテンアメリカ出身移民の移動傾向　125

第3節　国外移民をめぐる政策：ブラジルの例から　128

第4節　ラテンアメリカにおける国際移民と国家の役割　136

第7章　ブラジルにおける外国人移民と教育課題　141
──サンパウロを中心に　　　　　　　　　　　　　　　　　二井 紀美子

はじめに　142
第1節　ブラジルに居住する移民の社会的・文化的背景　142
第2節　移民と学校　149
第3節　移民をめぐる教育の現代的課題と取り組み　151
おわりに　157

第8章　移民と社会を橋渡しするドイツのNPO　163
丸山 英樹

はじめに　164
第1節　トルコ移民の多様な背景　166
第2節　敷居の低さが移民を参画させる　171
第3節　世界に展開する移民福祉事業の評価　177
おわりに　184

終　章　多文化共生をめぐる「国民国家の新たなありかた」と
移動する人々　189
杉村 美紀

第1節　国際移動時代における国民国家　190
第2節　多文化主義をめぐる課題　193
第3節　トランスナショナル・マイグレーションと教育の役割　196

あとがき　201

序　章

人の国際移動と
多文化社会の変容

杉村　美紀

今日、グローバル化の下で活発化する人の国際移動は様々な様相を示すようになっている。交通手段の発達と情報が瞬時に伝達され、それに伴って資金や物品が動く中で、人々もまた、移民、難民、国際労働、留学や国際結婚など、多様な動きをするようになっている。同時にそうした国際移動は、移動先の社会に様々な文化変容や文化摩擦を生じさせ、多文化化が進むにつれて複雑な社会変容の問題を引き起こしている。

　このことが特に顕著に、かつ喫緊の課題としてあらわれているのが、移民や難民をめぐる諸問題である。ヨーロッパにおけるシリア難民の大規模な国外移住は、移動する過程で通過する国や地域での問題、希望する国への移住の可否、移住希望先での適応や偏見・差別との闘い、人権理念の危機、さらにそこから派生しているテロ事件の発生といった実に複雑な要素を含んでいる。そうした社会情勢への影響は、当該国や地域のみならず、そこから地理的には遠く離れている国や地域においても、移民を阻害したり新たな受け入れを抑制する動きにつながっている。伊豫谷（2017）はこうした移民／難民問題を、「リベラル多文化主義の挫折」と捉えている。すなわち、「リベラルな民主主義国家、人権を掲げる普遍主義、そして豊かな福祉国家といった戦後の先進諸国の体制を支えてきたのは、コロニアリズムの遺産に依存してきた高度経済成長であった。そして、移民や難民と呼ばれる人たちは高度成長を促す限りは歓待されたのであった」（32頁）。しかしながら、低成長時代に入ると経済的不況や所得格差は拡大し、自由と統治という、国家が本来抱える矛盾が露呈する中で移民に対する批判や難民に対する規制が広がるようになり、倫理や規範が崩壊するとともに、ポピュリズムの台頭を引き起こしたという。

　こうした動きについて、関根（2013）は「欧米諸国の新しい移民政策」を例に説明している。それは「国益を重視した『選別型移民政策』への移行」（23頁）である。関根（2013）は、1993年に初版が刊行されたカースルズとミラーによる『国際移民の時代（*The Age of Migration: International Population Movements in the Modern World*）』と、2009年刊行の同書第4版を比較し、初版では、「移民国家と非移民国家の類型分類を明示し、その二つを対比しな

序　章　人の国際移動と多文化社会の変容

がら、欧米諸国に定住・永住した移民・難民・外国人労働者を論じていた」（同上、22頁）のに対して、第4版では「伝統的な移民国家型・非移民国家型の分類は、21世紀の国際移民の時代では通用しなくなるとみている。つまり、近年の移民政策の傾向を見極めた彼らは、欧米諸国における双方の類型の収斂が起きているとする」（同上、22頁）と述べている。ここでいう移民国家と非移民国家の収斂とは、「①非移民国家が事実上の移民国家であることを認定し、移民政策を導入すると同時に、伝統的な移民国家が実施してきた定住支援や社会参加支援を本格的に実施しはじめること、および、②他方で、移民国家が、伝統的な非移民国家が今まで行ってきた移民制限・規制強化や支援策の削減などを通して、非移民国家に近づくということでもある」（同上、22頁）と説明される。

　関根（2013）は、移民国家と非意味国家の収斂は、もともと移民政策にみられる「国益になる移住者の確保」や「若くて教育があり高い技能労働をもつ移民が優先される」方針に基づき「20世紀後半から21世紀初頭にかけて移民政策を導入しはじめたヨーロッパの先進諸国では、高度技術・専門職移民を優先して受け入れる方向で移住者を選別する選別型移民政策への移行の傾向が強まっている」（同上、24頁）ことにみられると述べている。そして、移民規制や不法滞在者への対応強化、さらには不審人物に対する監視強化といった例をあげながら、それらが国民の不安や不満への対応であるとともに、右翼・極右政党の台頭と制度化による影響を受け、ポピュリズムによる多文化主義への反発を生んでいるとする。そこでは、「多文化主義に基づく移民・難民の定住・社会参加支援策が縮小されるだけでなく、多文化教育よりは受入れ社会の言語や歴史の教育、そしてリベラルな価値を教えると同時に、議会制民主主義制度の効用を教えるシティズンシップ教育や統合教育による、社会的結束の強化の必要性が強調され拡大されるとともに、移民・難民の帰化に際してシティズンシップ・テストが課せられる動きが強まっている」（同上、26-27頁）と述べている。

　他方、移動する人々の側は、移動に対してどのような見方や位置づけをとっ

ているのであろうか。同じように移動する人々でも、異なる捉え方をされるのは外国人労働者である。外国人労働者は、歴史的にみても各国・地域の国家発展のための人材とみなされてきた。そもそも、ヨーロッパの各国で今日起きている移民をめぐる端緒は、ドイツにしてもフランスにしても、第二次世界大戦後の復興を支えるための外国人労働者移入にある。時代の流れの中で、かれらは時に貴重な人材であり、時に「よそ者」扱いされてきた。

　また留学生は、かつては南側から北側への移動、すなわち発展途上国から先進国へ、知識や技術、文化を学びに行く国費留学生に代表されるように、文化交流や知識獲得を担う人材であり、送り出す側にとって意味のある存在であったが、今では、受け入れ国側にとっても、留学生を獲得することは自国の国際交流の拠点化を図るとともに、優秀な人材獲得のための政策手段となっており、重要な人的資源とみなされるようになっている。

　こうした人々の移動は、政府の政策に基づいてというよりも、従来以上に、個々人の意志と判断で移動するようになっている。個々の意志による移動といっても、移民や難民の場合には、紛争や戦下、迫害から逃れて移動せざるを得ない状況にある場合もあるが、外国人労働者や留学生などは、多くの場合、自分の希望をふまえて移動する。しかも最近では、単に二地点間の移動だけではなく、複数の地点を移動していく例が少なからずある。このように多様化するヒトの移動は、移動に関係する地域の社会変容に影響を及ぼし、日本社会を含め、今日、世界の諸地域において多文化共生の実現が喫緊の課題となっている。そこでは、これまでの国民国家（nation-state）を軸とした社会体制を見直し、これまで前提であった国境線そのもののあり方を問い直すことが求められている。国家からみれば、国民が他国に移民として移り住んだり、難民として国外へ移動したりするという見方になるが、それは人為的に引かれた国境線がそこにあるために「移民」や「難民」として捉えられるのであり、移動する人々からみれば、単に自分の居場所を探し、より落ち着いて豊かな暮らしを送ることができる居場所を求めて「立ち位置」を変えているにすぎない。政治的体制が変化し国境線の取り扱いが変われば、それまでは「国民」ではなかったもの

が「国民」になる。あるいはEUの例にみられるように、旧来は「他国」への移動にパスポートやビザが必要であったものが、国境を越えて自由に移動できるようになる。

　こうした人々の移動は、きわめて戦略的に行われており、「国民」であり続けるよりも、より安全で安心して過ごすことができ、人間の尊厳が損なわれることなく生活できる場所が求められる。移住した先がそうした本来の希望にかなう場所ではない場合には、さらなる選択肢を求め、少しでも安定した生活を実現できるように移り住む。宮島（2016）はヨーロッパにおける移民問題に関し、「郷里を離れ、都市に移動し、さらに国境を越えてヨーロッパの都市的環境に身を置くという移動の行動は、自らの考量・選択なしにはありえない」（26頁）と述べ、「ナショナルアイデンティティは維持しながら定住していく移民たち──これにどう対処するかが課題となる」（同上、25頁）と指摘している。いわば国家の政策や戦略の一方で、人々はそれぞれの戦略を持って移動しているのである。

　今日の人の国際移動は、近年ではFaist et al.（2013）にみるように、「トランスナショナル・マイグレーション（transnational migration）」という概念で表現することで、ポスト・グローバル化の動きとして特徴づけることができる。すなわち、従来からある移民の送り出し国と受け入れ国という一方向的な移動である「インターナショナル・マイグレーション（international migration）」とは異なり、移り住んだ場所からさらに次の場所へ移動したり、逆に生まれ故郷に戻ったりというように様々な動きをする多面的な移動である。それは極端なことを言えば、国から国への移動だけではなく、同じ国内においても、すみ分けや新たな生活を求めてのコミュニティ間の移動も含まれる。

　Faist et al.（2013）によれば、「トランスナショナル」という観点からの移民研究の端緒の一つに、1990年代初頭に発表されたGlick Schiller et al.（1992）による研究がある。同研究では、19世紀末や20世紀初頭の移民と今日の移民は本質的にまったく異なる特性を持っているという。かつての移民は、出身社会での社会文化的繋がりをすべて捨て去り、移住先の社会にいかに適応するか

が大事な点であった。その背景には、いったん出身社会を出て別の国や地域に移住すると、物理的にも再び出身社会に戻ったり、あるいは他国・地域とのあいだを往来するということは難しかったからである。それに対し、今日の移民は、出身社会と居住社会の両方を結ぶネットワークや活動、生活パターンを形成している。梶田（2005）は、国際移民という用語に代わり、「トランスナショナル移民」という概念が提起されたことにより、「越境的なネットワーク状のひとつのコミュニティが2つの拠点を両側にもっているといったイメージに近い状況が生まれつつある」（16頁）。そしてそれは、「これまでの国民社会を構成する地域コミュニティのイメージを乗り越えた存在」（同上、16頁）であると述べている。Castles et al.（2014）が「トランスナショナルなコミュニティ」（pp.41-43）と表現している移民の動態である。

　国家の枠組みに縛られることのない、かれらのアイデンティティは重層的でかつ流動的であり、移動する社会それぞれの政治的経済的状況に規定される。こうした状況は、杉村（2015）が述べているように、あるエスニック・グループとそのグループの母語や宗教は固定化されたものであり、文化それ自体は不変的な概念であるという前提に立って展開されてきた文化本質主義の考え方では現状を説明することができず、今日の移民のあり方を特徴づけるには適切ではないということが指摘される。そして、文化それ自体が可変的なものであるという構築主義の考えにたつことがより実態に即していることを示唆する。

　従来のように国民国家の枠組みが厳然として存在し、その社会を構成する人々が「国民」として構成されていた時代には、どのような属性を持った人を「国民」とみなすかを国家が定め、「国民」になるための要件を提示することで社会の構成員が明確に規定されていた。そこでは言語や宗教の種別によって民族が規定され、それぞれの民族としてのアイデンティティや文化的特徴は普遍的で固定的なものとみなされ、それらを保持し継承するために様々な戦略を展開してきた。国家が国民統合のためにマジョリティの文化を中心に国家としての価値体系を一本化しようとして同化主義をとろうとする場合、マイノリティは自分たちの文化の保持継承に努めるのが常であった。他方、逆に多様性を尊

序　章　人の国際移動と多文化社会の変容

重し、文化的多元主義をとる場合でも、前提となるのは個々の文化の独自性であり、それぞれの文化の特徴は普遍的でありその本質は固定されたものとみなされてきた。

　しかしながら、人の国際移動が活発化し、多種多様な人々が様々なかたちで国境を越え、各自が置かれた社会的状況の中で生活する場合、今日では文化そのものの特徴が、それが置かれている文脈やコンテクストによっていかようにも解釈されるものとなっている。たとえば人々にとっての母語は、本質主義によれば民族の伝統と文化を守る礎として保持されるべき対象とされてきた。しかしながら、移民や難民、外国人労働者として母国から離れた人々にとって、母語の大切さと同等に、あるいは時にそれ以上に大切なのは、移住先の社会で日々を生き抜くための当該社会の言語であって、必ずしも母語が絶対なのではない。時には庄司（2010）が指摘するように、「資産としての言語（能力）」という観点から、移民言語教育を「実利に結びつく言語運用能力の有用性」（37頁）という点で捉える場合もある。

　以上述べた点をふまえると、今日の人の国際移動は、政策によって生じる現象というだけではなく、移動する人々の考え方、その人々が生活するコミュニティのあり方、さらにそこでの多文化共生の現状を反映したものであるということができる。本書の基盤となった国際共同研究「人の国際移動と多文化社会の変容に関する比較教育研究」（平成23年度〜平成27年度科学研究費補助金・基盤研究B〈海外学術調査〉）も、まさにそうした問題認識から出発した。すなわち、人の国際移動に伴う新たな文化の創成や、その一方で生じるコンフリクトの問題とそれに伴う社会変容は、従来のように国民を対象に考えていた時とは異なり、国籍を持たないコミュニティの構成員としての「市民」をどのように考えるべきかという観点から考える必要があるということである。そこでは、人の国際移動を取り巻く社会文化的背景や、国民国家の枠組みにおける移動に対する諸政策、市民社会と移動する人々の経験、さらに異文化ないし文化間のコミュニケーション・コンピテンシーが問題となる。人の国際移動が進み、社会の多様化が進む中では、旧来の公教育が対象としてきた国民教育だけ

15

ではなく、必ずしも国籍は持たないながらも、ともにコミュニティを形成している「市民」を対象とすることが求められているのである。

　人の移動とそれに伴う受け入れ社会の教育のあり方は、すでに先行研究でも様々な角度から明らかにされている。文化背景の異なる外国人児童生徒や移民の教育を扱った小林・江渕（1985）や江原（2000）では、受け入れ国側の状況や課題が、主として教育政策や制度に焦点をおいて描かれていた。また江原（2011）では、日本、アジア、欧米と幅広い地域をカバーしながら、実際の移動する人々がその居住先でどのような教育を受けているか、またその際に言語習得やアイデンティティの確保にどのような課題があるかといったミクロな視点を論じている。こうした移動する人々の教育問題は、Danaher et al.（2009）が論じているように、遊牧民や旅行者を対象とし、居住社会の中で周辺に置かれているかれらが学校教育の場にどのように受け入れられているかという問題にもつながり、固定的で一定の政策目標のもとに設置されている各国・社会の学校教育の問題として取り上げられてきた。

　直近では、揺れ動く移民社会と教育の問題に焦点を当て、特にヨーロッパに焦点を絞った研究が発表されている。園山（2016）では、「社会的包摂への挑戦」という課題を、ヨーロッパ諸国の事例に焦点を当てながら、日本との比較も含めつつ、外国人児童生徒の受け入れおよび移民の教育保障と学力について比較検証している。他方、山本（2017）では、ヨーロッパにおける移民第2世代の学校適応というテーマに教育人類学の視点から各国別にアプローチしており、移民の教育をめぐる難しさを浮き彫りにしている。

　こうした受け入れ国側の教育の諸課題を扱った先行研究に対し、近藤（2013）では、シティズンシップの問題に焦点を当て、「市民性教育」について論じている。また丸山（2016）は、学校教育ではなく、移民や移民コミュニティのエンパワメントを担うノンフォーマル教育に焦点を当てている。

　さらに移民に焦点を当てた報告書としては、OECDも移民の子どもが抱える居住国社会における格差やその背景に注目して調査研究を進めている。その成果は、OECD（2007）『移民の子どもと学力：社会的背景が学習にどんな影響

序　章　人の国際移動と多文化社会の変容

を与えるのか』やOECD（2011）『移民の子どもと格差：学力を支える教育政策と実践』、さらにOECD（2017）『移民の子どもと学校：統合を支える教育政策』としてまとめられており、居住国社会における移民の子どもたちの学習状況と教育の実態を明らかにしている。

　これら一連の先行研究に対して、本書は、これまでの研究の蓄積を土台にし、かつ教育に焦点を当てながら、1）移動する人々は社会の中で政策の対象としてどのように捉えられているのか、逆に2）人々は移動をどのように捉えているのか、さらに3）そこでは移民に対して教育がどのような役割を果たしているのかを明らかにする。すなわち、人の国際移動をめぐっては、そこから生じる新たな文化の創成が期待される一方で、実際にはコンフリクトや不公正さが課題となっている現実を考慮し、それが「国民国家」と「移動する人々のコミュニティ」それぞれを支える考え方の違いによるものであることを明らかにする。そして、機会の平等によってバランスをとろうとしてきた多文化社会が、コミュニティの多様化によって差別や偏見のメカニズムが複雑化している現状をふまえ、多文化共生を考える上で直面している新たな課題を描こうとするものである。

　「移動する人々は社会の中で政策の対象としてどのように捉えられているのか」という第1の点については、第1章の近藤孝弘論文「ドイツの歴史教育における移民国家像の変容」がその事例を明示している。そこでは、移民国家ドイツが自国の姿を第二次世界大戦後の歴史教育の中でどのように描いてきたのかを、ノルトライン・ヴェストファーレン州の基幹学校用の学習指導要領を対象に、「どのような移民について教えることが求められてきたのか」という観点から分析している。ドイツの移民統合問題については、第2章のアーノルト・メンゲルコッホ論文（近藤孝弘訳）「ベルリン・ノイケルンにおける移民統合の試み」が、実際に移民行政に携わる著者の視点から　その現状を描いており、歴史的経緯と現在の二つの位相から、ドイツの移民への理解や対応を検討する。他方、第3章の杉村美紀論文「マレーシアの『複合社会』と移動する人々：マイグレーションとしての外国人労働者・留学生に対峙する国民国家」

17

では、マレーシアにおける外国人労働者および留学生の移動に焦点を当てながら、国民統合政策を強固に進めてきたマレーシア社会が、留学生や外国人労働者をどのように捉えるようになっているかを分析する。そこにはもともとあった多民族社会におけるエスニック・グループ間の統合問題に加え、経済発展のための人材獲得と新たに生じている文化社会変容の葛藤がある。

　第2の「人々は移動をどう捉えているのか」については、第4章のフランソワーズ・ウヴラール／園山大祐論文「フランスにおける外国籍児童生徒と移民の子ども：学業達成と職業参入にみる課題」が、フランスの事例を取り上げながら、移民自身の教育と職業選択の問題を取り上げている。続く第5章の園山大祐論文「フランスにおける社会統合と女性移民の地区外逃避：リヨン市郊外にみる女性移民の成功モデル」では、フランスのリヨン市郊外に焦点をあて、郊外の若者の成長過程とそこでのアイデンティティの形成を通じ、女性移民の成功を求めての地区からの逃避という事例を含め、移民がよりよい生活を保障する居場所を求め移動をどう捉えているかを問題にしている。政策に影響されながらも個人が選び取る移動という点では、第6章の江原裕美論文「ラテンアメリカ人移民の変容と国家：在外コミュニティの動向と政策から」も、ラテンアメリカ出身の移民が、どのような政策のもとで移動しているかを分析するものである。移民については通常、出身国から第三国への動きに対して考察が行われるが、江原論文が示すように、今やラテンアメリカは送り出し国であると同時に受け入れ国でもあり、かつ政府の判断で自国移民の帰国奨励も行われている。そこには国際移動が国家の政策と移民の選択によって決まっている実態がある。

　さらに第3の「移民に対して教育はどのような役割を果たしているのか」については、第7章の二井紀美子論文「ブラジルにおける外国人移民と教育課題：サンパウロを中心に」が多様なブラジルでの移民受け入れに着目し、その教育課題を分析している。日系人労働者を受け入れてきた日本においてブラジルは移民送り出し国のイメージが強いが、ブラジルは本来移民でできた国である。今日もなお、ブラジルには移民が多様なかたちで入国している。ブラジル

序　章　人の国際移動と多文化社会の変容

の移民受け入れの変化に合わせ、教育がどのように変化してきたかを提示する。また第8章の丸山英樹論文「移民と社会を橋渡しするドイツのNPO」では、ドイツの事例を取り上げ、ノンフォーマル教育の観点から、居住国のコミュニティにおいて居場所を求める移民に対して、教育によるエンパワメントの重要性がいかに大きなものであるかが例証される。

　以上の事例をふまえ、終章の杉村美紀論文「多文化共生をめぐる『国民国家の新たなありかた』と移動する人々」では、グローバル化のもとでの国際移動時代に、国民国家がどのような枠組みを持つようになっており、多文化主義がそれぞれのコミュニティにおいてどのような課題を抱えているのか、それに対して居場所を求めて移動するトランスナショナル・マイグレーションに教育はどのような役割を担っているかを、本書の各章の内容をふまえながら論じる。

参考文献

Castles, Stephan, Hein De Haas and Mark J. Miller（2014）*The Age of Migration: International Population Movements in the Modern World, Fifth Edition*, Hampshire, Palgrave Macmillan.

Danaher, Patrick Alan, Mairin Kenny and Judith Remy Leder（eds.）（2009）*Traveller, Nomadic and Migrant Education*, New York, Routledge.

Faist, T., Margit Fauser and Eveline Reisenauer（eds.）（2013）*Transnational Migration*, Cambridge: Polity Press.

Glick Schiller, N., L. Basch and C. Blanc-Szanton（eds.）（1992）*Towards a Transnational Perspective on Migration: Race, Class, Ethnicity, and Nationalism Reconsidered*, New York, New York Academy of Sciences.

OECD（2007）（斎藤里美監訳、木下江美・布川あゆみ訳）『移民の子どもと学力：社会的背景が学習にどんな影響を与えるのか＜OECD-PISA2003年調査　移民生徒の国際比較報告書＞』明石書店。

OECD（2011）（斎藤里美監訳、布川あゆみ・本田伊克・木下江美訳）『移民の子どもと格差：学力を支える教育政策と実践』明石書店。

OECD（2017）（布川あゆみ・木下江美・斎藤里美監訳、三浦綾希子・大西公恵・藤波海訳）『移民の子どもと学校：統合を支える教育政策』明石書店。

伊豫谷登士翁（2017）「『難民』の生まれる時代：グローバリゼーションの時代における人の移動」駒井洋（監修）・人見康弘（編）『難民問題と人権理念の危機：国民国家体制の矛盾』明石書店、24-41頁。

江原武一（編）（2000）『多文化教育の国際比較』玉川大学出版部。

江原裕美（編）（2011）『国際移動と教育：東アジアと欧米諸国の国際移民をめぐる現状と課題』明石書店。

梶田孝道（編）（2005）『新・国際社会学』名古屋大学出版会。

カースルズ, S.／M. J. ミラー（2009=2011）（関根政美・関根薫訳）『国際移民の時代（第4版）』名古屋大学出版会。

小林哲也・江渕一公（編）（1985）『多文化教育の比較研究：教育における文化的同化と多様化』九州大学出版会。

駒井洋（監修）・人見康弘（編）（2017）『難民問題と人権理念の危機：国民国家体制の矛盾』明石書店。

近藤孝弘（編）（2013）『統合ヨーロッパの市民性教育』名古屋大学出版会。

庄司博史（2010）「『資産としての母語』教育の展開の可能性：その理念とのかかわりにおいて」『ことばと社会』12号、三元社、7-47頁。

杉村美紀（2015）「ヒトの国際移動と『グローバル・シティズンシップ』」『異文化間教育』42号、国際文献社、30-44頁。

園山大祐（編）（2016）『岐路に立つ移民教育：社会的包摂への挑戦』ナカニシヤ出版。

関根政美（2013）「多文化社会の将来に向けて：ノルウェー事件と日本」吉原和男（編著）『現代における人の国際移動：アジアの中の日本』慶應義塾大学出版会、19-39頁。

宮島喬（2016）『現代ヨーロッパと移民問題の原点：1970、80年代、開かれたシティズンシップの生成と試練』明石書店。

丸山英樹（2016）『トランスナショナル移民のノンフォーマル教育：女性トルコ移民による内発的な社会参画』明石書店。

山本須美子（編）（2017）『ヨーロッパにおける移民第二世代の学校適応：スーパー・ダイバーシティへの教育人類学的アプローチ』明石書店。

吉原和男（編著）（2013）『現代における人の国際移動：アジアの中の日本』慶應義塾大学出版会。

第1章

ドイツの歴史教育における
移民国家像の変容

近藤 孝弘

第1節　外国人法から移民法へ

　2005年1月1日に移民法（Zuwanderungsgesetz）が施行され、これにより
ドイツは自らが移民国であることを認める方向に大きな一歩を踏み出した。

　そして10年後の2015年、ドイツはシリアをはじめとする中東紛争地域から
の難民の積極受け入れの姿勢をもって、世界を驚かせることになる。寛容な姿
勢が難民問題を拡大させたのではないかという批判に対し、メルケル首相は次
のように述べた。「はっきり言わなければなりません。緊急事態に優しい顔を
見せたことを謝らなければならないというなら、それは私の国ではありませ
ん」[1]。

　もっとも、ドイツには別の顔もある。上の移民法は正式には「移住の制御と
制限ならびに連合市民と外国人の滞在と統合に関する法律」といい[2]、その名
称からは、移民を積極的に受け入れようとする姿勢は必ずしも認められない。
むしろ専門技術者を中心として経済的に必要な移民は受け入れ、すでに定住し
ている事実上の移民も含めて、その統合を重視する当時の社民・緑連立政権
と、新規に移民を受け入れるのはもちろん事実上の移民を移民として認めるこ
とにも消極的だった野党の保守政党とのあいだの妥協が、同法制定の政治的背
景として浮かび上がってくる。そして移民法に象徴される政策全体の評価も難
しい。時を同じくして、ドイツ語の不自由な移民にドイツ語とドイツの歴史や
法秩序を教える「統合授業」の受講が義務づけられたことは[3]、自国経済の都
合による選別的な移民受け入れという動機の正当性に加えて、多文化主義の観
点からも批判を受けないわけにはいかない。さらに、この統合授業に対して
は、期待されたほどの効果を持っていないとの批判が聞かれるという現実もあ
る[4]。

　このように妥協に基づく施策が言わば左右双方から批判を受けているところ
からは、移民国家としての自己理解がなお不安定である様子がうかがわれる。
とはいえ、20世紀には普通に耳にした「ドイツは移民国ではない」や「ボー

22

第1章　ドイツの歴史教育における移民国家像の変容

トはもう満員」といった決まり文句は、今日ではほぼ消滅したと言ってよいだろう。それまでの「外国人法（Ausländergesetz）」が「移民法」に変わったことには、単なる象徴以上の意味が認められる。

　しかし、この移民法によってドイツが移民国家になったと考えるのは不正確である。それは必ずしも「移民国ではない」という認識がいまだ明確には否定されていないという意味ではない。むしろドイツはトルコなどとの協定による労働者を導入するはるか前から、移民の送出と受容を繰り返してきた。「移民国ではない」という自国理解は、現状にも歴史にも合っていない。

　このような基本認識を前提に、本稿は、移民国としてのドイツの姿が戦後の歴史教育のなかでどのように描かれてきたのかを、ノルトライン・ヴェストファーレン州（以下、NRW）の教育課程を手がかりに確認することを主な目的とする。

　学習指導要領や教科書等に記されている歴史は、必ずしもそれらが発表ないし刊行された時期における国民的な共通理解を示すわけではない。そもそも社会の中には常に過去に対する複数のイメージが併存しており、共通理解を見出すことは困難である。しかし、一定の有力な歴史像、すなわち一般に重要と考えられる過去の事実を網羅し、それらを歴史学的にほぼ異論のない形にまとめる理解はありうる。こうした歴史理解は必ずしも一つとは限らないが、それらは日々のコミュニケーションを支え、政策を含む多くの意思決定の基礎を提供している。そして、そのような歴史理解を知る手がかりとして、とりわけ学習指導要領は有用である。

　本稿は移民の記憶史に関する研究に連なるものだが、「移民国ではない」という国家的記憶の妥当性を問うよりも、それが流通してきた社会についての認識を深めることを目的としている。そのような疑わしい理解を、人々は本当に納得して口にしていたのか、それとも国家イデオロギー上の一種の合言葉としてそれは政治的に使われていただけなのかという疑問に迫ることが、主要な課題である。

23

第2節　歴史教科書に見る移民の記憶史

　移民を統合する、すなわち市民の一員として位置づけようとするとき、法的な権利と義務における平等だけでなく、社会的、経済的、文化的な領域での平等も問われることになる。記憶もまたその一部である。

　国民国家は多くの場合、特定の民族——その数は一つとは限らない——を中心的な位置に据えて発展を遂げてきた。この過程では、歴史学はもちろん文学をはじめとする芸術的・文化的活動が過去の文化的残滓を蒐集し、それらを再構成することで国民の記憶を構築していった。こうした広い意味での「伝統の創造」は、国民主権という言葉に象徴される今日の民主主義の発展過程と部分的に支え合う関係にある一方で、文化的な他者や外国人といった概念ならびに現実を強化することになった。

　このような歴史的経緯ゆえに、移民を国民と区別して排斥する傾向を改め、統合を目指そうとすれば、まずは各国において多数派民族が築き上げ、また享受してきた特権的な地位を相対化する方法が考えられる。そして同時に検討されるべきは、国民であるための資格要件から文化・伝統や血統といった条項を外すことである。その代わりに、いまの国家に対する帰属・参加意識を基準としたり、あるいは、そもそも基準を設けることなく、そこに居住している事実をもって国家の一員と認めることになる。

　このように平等を中心とする人権を徹底して追求する姿勢の重要性について、いま改めて説明する必要はないであろう。そして不平等を生む相続の中には文化や伝統も含まれるのであり、それらが現実の社会で保持している意味を低下させることが移民の統合には不可欠である。

　しかし現実には、国民国家は前記のような近代史上の姿をいまも引きずっている。各地の名所旧跡や伝承、そしてそれらと結びついた様々な物語は、信憑性を問われることなく民族の記憶を発信し続け、学校教科書や博物館は、学問的な手続きを踏襲しつつ、公的な支援のもとで同じ機能を果たしている。

第1章　ドイツの歴史教育における移民国家像の変容

　こうした環境は、マジョリティの歴史や文化に満たされた空間に暮らす移民のあいだに、より強い形で対抗的な文化・政治的要求を生じがちである。しかしながらマジョリティの形を真似た抵抗は、自分たちに対する差別をむしろ正当化し、少なくとも統合を困難にする方向に作用しよう。さらに集団の内外に新たなマイノリティを構成することにより、自らを被害者であると同時に加害者でもあるという複雑な立場に置く結果をもたらす可能性もある。したがって移民による文化主張は慎重に行われることが期待されるが、マジョリティが移民に対してそのように求めるのでは好ましい結果がもたらされることはないだろう。移民が生きる社会の状況を考慮するとき、まずは学校や博物館などの公的機関において、そこで提供される歴史の中に移民の存在を積極的に位置づける形で国民国家の自己理解を修正することが、一つの現実的かつ直近の課題となる。

　このような問題意識は、本稿が注目するドイツの隣国オーストリアにおいて、すでに歴史教科書における移民表象の研究として結実している。

　多民族からなるハプスブルク帝国を過去に持つことを自認するオーストリア国家は、スロヴェニア系やクロアチア系などの人々に対し、民族的マイノリティとしての集団的権利を国際法・国内法に基づいて広範に認めてきた点で、ドイツとは異なる近現代史を歩んできた[5]。とはいえ、1964年にオーストリア商工会議所がイスタンブルに労働者募集所を開設するなど、ドイツと同様にトルコ等の諸国と雇用協定を結んで外国人労働者を受け入れてきたこと、また20世紀末に国籍法を改正して出生地主義の要素を取り入れたこと、さらに2003年には保守・右翼連立政権の下で移民に対するドイツ語履修を義務づけるといった措置を取ったことなど、共通する点も多い[6]。ともにドイツ語を公用語としていることもあり、移民の統合に関する論点も、子どもの低学力[7]とそれに関連する貧困や犯罪、ムスリムのあいだに見られる反民主主義的価値観[8]など、ほぼドイツと同じと言ってよい。

　そのオーストリアで、ルートヴィヒ・ボルツマン・ヨーロッパ史研究所のヒンターマン（Christiane Hintermann）は、1970年代以降に出版された教科書

25

82冊における移民の表象を調査した。彼女の研究対象は、歴史だけでなく地理の教科書にも及んでいるが、分析から得られた主な結論は、以下の3点に要約される[9]。

- 第1に、歴史教科書は1986年まで移民に言及していなかった。
- 第2に、ハプスブルク時代の移民（帝国内移動と海外への移住）は、今もほぼ無視されている。
- 第3に、移民の表象は、否定的なものから有益な存在へと変わりつつある。特に移民を表す言葉は、「外国人労働者」から「ガストアルバイター」に、やがて「外国人」に、そして「移民の背景を持つ人々」へと変化した。しかし、移民の背景を持つ人々は、今も「私たち」とは別のオーストリア人として捉えられている。

　このように、教科書の中の移民の姿は社会における議論の枠組みを反映しており、さらにその背景には戦後のオーストリアの国家的課題があるとヒンターマンは推測している[10]。すなわち第一次世界大戦終結までハプスブルク帝国が存続したオーストリアでは、国民（意識）形成の遅滞ゆえにナチス・ドイツとの合併への広範な支持が生じてしまったという反省に立ち、第二次大戦後は永世中立のオーストリア国民国家の建設が最大の政治課題とされた。しかし、ネーション・ビルディングに熱心なあまり、国民の同質性が強調される一方で、新しくやってきた移民を中心とする異質性を連想させる人々が関心の外に追いやられがちだったというのである。

　彼女の研究は全国紙も取り上げるなど、大きな注目を集めたが、こうした状況は、ようやくオーストリア共和国が安定し、近現代史を反省的に捉えることができるようになりつつあることを示している。そして移民の統合への関心全般も、それは今日の世界に共通する課題であることから生じているだけでなく、これまでの国民統合の努力の延長線上に位置づけられるかもしれない。

　またヨーロッパ・レベルの活動に目を移すとき、ユーロクリオ（ヨーロッパ

26

第1章　ドイツの歴史教育における移民国家像の変容

歴史教育者協会）をはじめとする国際的な歴史教育・政治教育関連団体が、2009年から各国の歴史教育課程と教科書における移民の扱われ方を調査し、勧告を発表していることが注目される。具体的には、2010年11月20日ウィーンで開かれた会合で、以下の六つの課題が指摘された[11]。

- 第1に、移民の歴史が教えられる場合、何らかの問題を語る文脈で触れられる例が多い。
- 第2に、移民の生徒は、第2世代以降も移民というラベルを貼られがちである。
- 第3に、ヨーロッパ諸機関が勧告している多視点的な教育の導入が不十分である。
- 第4に、歴史教育そのものが、移民のような論争的なテーマには触れまいとする政治的風潮の影響下にある。
- 第5に、教育内容が過密で、かつナショナルな視点が支配的である。
- 第6に、教室内の生徒が持つ多様性の意味を教員が十分に理解していない。

ヨーロッパ全体を視野に入れてなされたこれらの指摘は、ヒンターマンの分析と比べてより広い範囲に及んでいる。

しかし、問題の認識において共通する部分も多い。すなわち根本的には、各国において移民がほかの国民よりも一段低い位置に置かれてきた現実を、学校の歴史教育は無視するか、あるいはそれを再確認するにとどまっているところに、取り組むべき課題が認められている。これは、移民をまさに市民の一員と考える社会の実現に向けた教育を求めていると言ってよいだろう。

このように、歴史教育における移民の描き方については、オーストリアだけでなくヨーロッパ全体として見ても、その統合の推進という観点からは課題が残されている様子が推測されるが、本稿が注目するドイツではどうなのだろうか。

27

第3節　ドイツの歴史教育における移民像の変遷

3.1　調査対象

　ユーロクリオの分析はもちろん、程度の差こそあれヒンターマンの研究も近現代の移民に焦点を当てているが、少なくともドイツの歴史教育課程を見る限り、より古い時代の人口移動も取り上げられている。たとえば今日の教科書が簡単に示している、アフリカに誕生した人類が中央アジアを通って世界中に広がるプロセスは、移民の最も原初的な形態と言えよう。国民国家における移民の統合に注目する本研究にとって、このプロセスに目を向ける意義は乏しいが、移民という現象は古くから見られ、歴史上ごく普通に行われてきたという認識は、現代世界について考える際にも一定の意味を持つだろう。

　したがってここではドイツの歴史を敢えて長くとり、19世紀に国民国家としてのドイツが成立するまでの前史として、962年にザクセン家のオットー1世（Otto I）が戴冠し、1500年前後には「ドイツ国民の」という修飾語が加えられた神聖ローマ帝国、さらにそのルーツであるフランク王国、そしてフランク王国のカール大帝（Karl der Große）が戴冠して帝位に就くことになるローマ帝国の時代にまで遡って視野におさめることとする。より具体的には、いわゆる民族移動以降の、今日のドイツの領土とその周辺で生じた人口移動とそれに関する記述に注目することになる。

　次に分析対象とする教育課程について確認すると、本稿ではNRWで1948年以降に作成された基幹学校用の学習指導要領に注目することとする。前節では教科書の分析に注目したが、教科書の記述は多様であり、そこには個々の執筆者の歴史理解が大きく影響している。特に本稿は、過去の移民が実際にどのように教えられてきたのかではなく、どのような移民について教えることが求められてきたのかを検討すれば十分であることから、多様性の大きな教科書よりも行政文書としての学習指導要領の方が適切な分析対象と言える。

　他方、ドイツでは原則として各州が州内の異なる学校種・教科に対して別の

第1章　ドイツの歴史教育における移民国家像の変容

表1.1　ドイツ各州における移民数と人口比（2015年）

州	移民数 （1,000人）	総人口 （1,000人）	移民の割合 （％）
バーデン・ヴュルテンベルク	3,015	10,766	28.0
バイエルン	2,718	12,735	21.3
ベルリン	967	3,486	27.7
ブレーメン	195	663	29.4
ハンブルク	510	1,773	28.8
ヘッセン	1,735	6,115	28.4
ニーダーザクセン	1,400	7,850	17.8
ノルトライン・ヴェストファーレン（NRW）	4,519	17,666	25.6
ラインラント・プファルツ	840	4,019	20.9
ザールラント	182	988	18.4
シュレスヴィヒ・ホルシュタイン	374	2,840	13.2
西部ドイツ（旧東ベルリンを含む）	16,445	68,901	23.9
東部ドイツ（ベルリンを除く）	673	12,503	5.4
全国	17,118	81,404	21.0

注：本表における移民とは、移民を背景に持つ人々を指す。
出　典：Statistisches Bundesamt, Bevölkerung nach Migrationshintergrund und Bundesländern. Bevölkerung 2015 nach Migrationshintergrund [https://www.destatis.de/DE/ZahlenFakten/GesellschaftStaat/Bevoelkerung/MigrationIntegration/Migrationshintergrund/Tabellen/MigrationshintergrundLaender.html, 2017年7月21日閲覧] の表より筆者作成。

学習指導要領を設けており、本来いずれか一つをもってドイツ全体の趨勢を語ることはできない。その一方で、あまりの多様性ゆえに連邦全体を視野におさめることは困難であり、やはり代表的な例を選択せざるを得ない。そうしたなか、NRWは上の表に示すように全州の中で最も移民数が多く、かつその人口比がドイツ——とりわけ西部ドイツ——の平均値に比較的近いことから、本稿にとって最も適した州と言える。

　また基幹学校の教育課程に注目するのは、主として学力の低い生徒がそこに通うことを前提としていることから、教育内容が他の学校種に比べて精選されており、さらに移民の生徒が最も多く学んでいるためである。そこで移民について、また移民とドイツ国家の関係について教えられることは、その統合の進展に少なからぬ影響を及ぼすものと考えられるのである。

　さて、NRWは1946年にイギリス占領軍の統治下で州として創設され、西ド

イツが独立する前の1948年に民衆学校用の歴史の学習指導要領を発表している。当時はまだ基幹学校は存在していなかった。民衆学校の上級段階、すなわち第5学年から第9学年が基幹学校として基礎学校（第1〜4学年）から分離され、その歴史の学習指導要領がNRWで発表されたのは1968年のことである。したがって、本稿では1948年、55年、68年、74年、80年、そして89年の学習指導要領に注目するが、そのうち55年以前の学習指導要領は民衆学校用のものとなる[12]。

3.2　学習指導要領とその時代背景

　1948年の学習指導要領に記されたドイツに関する移民の例と理解される項目は、以下の四つである。

　1）ゲルマン人の移動
　2）中世における東方でのドイツ人による都市建設
　3）17〜19世紀を中心とするオランダ等への労働移民
　4）1852年にアメリカに渡り、軍人・政治家として活躍した自由主義者カール・シュルツ（Carl Schurz）

　NRWの学習指導要領であることから、3）の労働移民についてはリッペやラーフェンスベルクといった州内の地域に焦点が当てられ、さらにシュルツのように同じく州内のケルン近郊で生まれた人物が取り上げられているのが目を引く。また、中世における都市建設として視野に入っているのは基本的に今日のドイツ東部であり、いわゆるオーデル川以東の地域ではない[13]。この学習指導要領は、ドイツとりわけ自州を中心にヨーロッパと世界の歴史を描くという戦後ドイツの歴史教育の基本構造を示すと同時に、当時は必ずしも移民というテーマが意識的には扱われていなかった様子を示している。

　これは、まだ協定労働者の募集が行われていない時点のものであることを考えれば当然かもしれない。しかし、それにもかかわらず中世以来の移民の例が

30

第1章　ドイツの歴史教育における移民国家像の変容

取り上げられていることは、移民を抜きにして歴史は語り得ないことを示している。なお、初めての二国間協定がイタリアとのあいだで結ばれた1955年に発表された学習指導要領も、同じ四つのテーマを掲げるだけである。

それに対して翌56年にまとめられた学習指導要領の解説には、新たなテーマが一つ加えられた。それは1953年のいわゆる6月17日事件である。東ドイツの労働者が労働ノルマ引き上げを決めた政府に抗議し、弾圧されたこの事件は、「ソ連地域のドイツ人が自由と統一を求めた」動きとして描かれている[14]。この事件そのものは人口移動を直接的に意味するものではないが、少なくない授業がこれを手がかりとして後のベルリンの壁建設の原因ともなる当時の東ドイツから西ドイツへの移住を扱ったであろう。当時の東西ドイツ両国政府の統計で数値に違いがあるとはいえ、1952年までは東ドイツから西ドイツに越境する人々の数は毎年20万人以内だったのに対し、1953年には一気に30万人前後に増えている[15]。

こうしたヨーロッパにおける迫害ないし貧困と結びついた同時代の移民への注目は、1968年の学習指導要領に、より顕著である。すなわち第5学年と第6学年で、それぞれ「民族移動」（ローマ帝国領内でのゲルマン諸部族による国家建設）、「中世におけるドイツ人の東方移住」（マクデブルク法のもとでスラヴ系貴族は神聖ローマ帝国の商人と手工業者の力を借りて都市を建設する――ドイツ人農民の移住――ドイツ騎士団と騎士団国家）が言及されるのに加えて、第9学年に「第二次世界大戦中とその結果としての移民と難民」という項目が設けられている。

さらに、この学習指導要領はナチ時代の強制収容所にも注目を促している。そこでは移民としてのユダヤ系市民をめぐる歴史が言及されることになる。

このように、1968年の学習指導要領は、中世のドイツ人移民について従来よりも詳細に扱うよう学校に求めるだけでなく、政治的迫害を受けた広義の移民に大きな関心を払っており、移民という現象そのものを重視する姿勢を示している。厳密には、こうした姿勢は1965年に州内のカトリック教員連盟が発表した学習指導要領の解説にすでに認められ、そこでは特に「数百万人のドイ

31

ツ人が故郷を失う」「私たちの故郷への難民と抑留」という形で、新学習指導要領の内容が先取りされていた[16]。

　以上は、終戦期から続く旧東方領土からの大勢のドイツ人の流入、すなわち赤軍に追われて東西ドイツ地域に逃げてきた難民や、戦後に建設された東側諸国での迫害を逃れて特に西ドイツに移り住んだ人々、さらには既述の東ドイツからの越境者などが、当時の関心事であったことを示唆する。中世の移住の扱いが詳しくなったのも、そもそも当時のソ連を含む東ヨーロッパ各地にドイツ系の人々が住んでいたのはなぜなのかについて、その歴史的背景を説明するところに目的があったものと推測される。

　こうした東方からの帰還者、いわゆるアウスジードラー（Aussiedler）と呼ばれる人々は、西ドイツが成立した翌1950年から2013年までのあいだに計450万7,528人にのぼる[17]。かれらは、東側に対する西側の政治的・経済的優越性を証明する存在として重要だった。特に1957年、58年の受け入れアウスジードラー数は、それぞれ10万人を超えている。

　なお、東ドイツから西ドイツへの越境者はもともとドイツ国籍を持っていたのに対し、アウスジードラーは当時の国籍法によってドイツ入国後に国籍を与えられた。また、かれらのドイツ語能力を中心とする適応のための文化的資源にも、おおむねその出身地に従って相当の差が見られたという。具体的には、ルーマニア出身者は比較的よくドイツ語を保持しているのに対し、ポーランド出身者は帰国後、言葉で苦労することが多いと言われた[18]。こうした問題に対処すべく、常設文相会議は1971年にアウスジードラーの子どもにドイツ語の特別授業を提供するよう各州政府に求め、また1977年には、かれらが出身国で得た学歴を承認するよう勧告している[19]。

　これだけ多くの事実上の移民を、終戦による引揚者や難民を受け入れた直後に受け入れることができたのは、基本的には「奇跡の経済復興（Wirtschaftswunder）」のおかげである。当時は、北米やオーストラリアを中心とする豊かな諸国への移民のほか、一部に東ドイツへの移住者も見られたが、そのような流出人口は毎年数万人レベルにとどまり、さらに経済再建が進

第1章　ドイツの歴史教育における移民国家像の変容

むとともにその数は減少した。1950年代のドイツは毎年6％を超える経済成長を続けており、その好調な経済が東ドイツからの越境者やアウスジードラーを吸収した上で、それでも不足する労働力をトルコなどの諸外国に求めることになったのである。

　なおドイツがトルコと労働者受け入れ協定を結んだのは1961年10月のことであり[20]、これはベルリンの壁が建設されて東ドイツからの人口流入が急減して2か月後にあたる。この頃、アウスジードラーの帰還も1958年の13万2,000人から1万7,000人へと大幅に減少し、労働需給の逼迫が懸念されていた。言わば事実上の移民が不足するなか、将来的に移民となる外国人労働者が必要とされたのである。1968年の学習指導要領は、このように、広い意味での移民を歓迎する風潮の中で発表されたのだった。

　それに対して1974年の新学習指導要領は、移民をめぐって大きく変化した社会の姿を映し出している。

　すなわち、その前年の石油ショックを機に、長期で働く外国人労働者の受け入れが原則的に停止されたが、このことは当時すでに外国人労働者が多すぎるという認識が社会に広まっていたことを示している。同時に、現在の時点から振り返ると、この時から外国人労働者の本格的な移民化が始まった。受け入れ停止は、契約期間終了後に一度帰国してしまえば二度とドイツに稼ぎに来られなくなることを意味したため、その時点でドイツで働いている外国人の定住化を決定的なものとしたのである。

　こうしたなか新学習指導要領は、民族移動と中世における東方移住といった従来のテーマに加えて、「マイノリティに対する偏見」という単元を設定し、その学習テーマとして「私たちの社会と『ガストアルバイター』問題（Unsere Gesellschaft und das Problem "Gastarbeiter"）」という例を掲げた[21]。問題という言葉からは、いわゆるガストアルバイターが社会の負担になっているという、ユーロクリオが批判するニュアンスも伝わってくるが、ここでまさに問題とされているのはその反対、つまりマジョリティによる社会的排除である。なお後に刊行された学習指導要領の解説は、それまで以上にナチ時代のユ

33

ダヤ人の迫害を詳述している点に特徴が認められ[22]、これは学生運動の高まりから社会民主党主導の政権成立へという当時の西ドイツ社会の大きな変化を反映しているが、上記の学習テーマは、同じくマイノリティの人権という観点から、ガストアルバイターを人間としてではなく労働力として見てしまいがちな社会への批判的な取り組みを促すものとなっている。

　以上のように、1950〜60年代にはヨーロッパ各地からのドイツ系住民の流入が主要な説明の対象とされたのに対し、ベルリンの壁によって東ドイツからの越境者が激減し、またアウスジードラーの数も減った70年代には外国人労働者に注目が集まり、より正確には、かれらを受け入れているドイツ社会の問題に焦点が当てられることになった。ここには70年代における歴史意識や政治意識の変革に加えて、1974年以降、NRWの基幹学校では、従来の歴史という教科が政治を併せた社会科（Gesellschaftslehre）に再編されたことも関係していると考えられる。それまでもNRWの歴史科は同時代の社会問題の視点から過去に目を向ける姿勢を示していたが、この教科再編により、いっそう社会的視点が強く打ち出されることになったのである。

　1989年の学習指導要領も、こうした傾向を引き継いでいる。特に冒頭に掲げられた基幹学校の目標規定には、次のような記述が見られる。

　　人格と社会性に関する教育的課題がその重要性を増している。なぜなら、民族や国籍を異にし、様々な宗教的・文化的な価値観や伝統を持つ生徒が一緒に暮らし、また学んでいるからである。外国人生徒の社会的統合という課題もここから発生する。生徒一人ひとりの文化を尊重しつつ、様々な文化的・社会的経験が、基幹学校で共に生活し、学ぶ際に活用されるべきである。[23]

　出生地主義の要素を導入することになる国籍法の改正（1999年可決、2000年施行）や移民法の制定前であることから、ここではまだ移民ではなく外国人という言葉が使われているが、かれらの統合とそのために教育が貢献すべきことが意識されているのは明らかである。そして、この学習指導要領は教育内容

を列挙する前に、授業構成上の注意点を以下の五つの観点から示している[24]。すなわち歴史／政治教育を行う教員には、生徒の①時間意識、②空間意識、③社会階層意識、④ジェンダー意識、⑤文化的・宗教的意識を念頭において授業を行うことが期待されるということだが、これらのうち後者の4点が移民に大きく関係してくる。

たとえば②空間意識については、「外国の文化を持つ生徒は、その祖国が現住所から何千キロ離れていても、近所よりもまず祖国のことを考える」とされ、③社会階層意識については、「外国人生徒の多くは……自分が低い社会階層に属していることを恥ずかしく思っており、また自らの境遇を貧しい祖国と同一視されたくないと思っている」点に教員の注意を促している。また、④ジェンダー意識の問題も繊細さを要求されるという。すなわち授業は、「啓蒙的・解放的なドイツの価値観が、性別役割分担を残す文化圏の出身者に動揺を与える可能性を理解した上で、すべての生徒に対して自らの規範を批判的に問う」（傍点引用者）よう促すものでなければならないと記されている。そして⑤文化的・宗教的意識については、「学習者の文化的・社会的な社会化は尊重されなければならないが、この方針が民族主義的に利用されてはならない」と、④と同様、啓蒙的価値という社会基盤の上で移民の文化を尊重する形で統合を進める姿勢が追求されている。

外国人の統合を目指してこの学習指導要領が提案する学習内容は、とても幅広い。民族移動などの従来のテーマに加え、「人々がやって来た」という単元が設けられ、そこではシンティ・ロマ、ユグノー、ルール地方を中心とする19世紀末のポーランド人労働者、ナチ時代の強制労働者[25]、「ガストアルバイター」、戦後のドイツへの難民といった、歴史上の多様な移民が学習課題の例として提示されている。さらに生徒は、ドイツにおける移民をめぐる状況だけでなく、そのような移民が生じる原因、ならびに移民の出身地についても考察しなければならない。そして、こうした学習の結果、「もし世界中の人々が人間にふさわしい生活をし、移民が多文化社会における市民として統合され、疎外を克服して寛容と連帯を進めることを望むのであれば、領土はもはや絶対的

なものではない」ということを認識できるようになることが期待されているのである[26]。

　この1989年の学習指導要領が、現在に到るまでの歴史教育における移民についての教え方を決定していると言ってよいだろう。このあと学習指導要領は2017年に到るまで改訂されていない。2011年にはいわゆるPISAへの対応を意識した事実上の新学習指導要領が発表されたが、そこには1989年の学習指導要領が効力を失っていないことが記され[27]、特に「過去と現在におけるキリスト教とイスラームの出会い」「中世と今日のドイツにおける様々な住民」「ナチ期のヨーロッパにおける逃亡と追放、ならびに今日の反ユダヤ主義と右翼急進主義」といったテーマを重点領域としている[28]。これらは89年の学習指導要領の中の単元「人々がやって来た」で想定されていた主な内容を、より具体的に示したものと言える。

　これまで見てきたことから、NRWの基幹学校の歴史教育課程は、遅くとも1960年代の後半から、移民という言葉さえ使わなくとも、それぞれの時点で注目を集めていた事実上の移民についての理解を深める内容を提供してきたと言える。すなわち、最も初期には新大陸等への移民が、続いて東ドイツから西ドイツへの越境者やアウスジードラーが、そして外国人労働者が注目を集め、最終的には多様な移民を取り上げ、その社会統合を目指すことが公言されるようになった。

　このような経緯は、前節で確認したオーストリアの歴史教科書に対する分析やユーロクリオの認識とは異なる状況がドイツの少なくとも一部には存在していたことを意味する。もちろん、教科全体の中で移民に関する内容が占める割合が少ないという指摘はおそらく常に妥当であり、特に近現代史の叙述が国民国家の形成発展史という枠組みに基づいていることは否定できないが、未解決の問題を訴えるために事実を誇張するべきではないだろう。むしろ、これまで様々な移民が忘れられていたわけではないということは、ドイツは移民国ではないといった言説が、政治的な必要によって繰り返されてきたことを示唆している。ドイツ社会は戦後一貫して移民について考え続けていたのである。

第1章　ドイツの歴史教育における移民国家像の変容

そして、この思考の事実を隠す役割を果たしてきたのが国籍法であり、外国人法である。たとえばアウスジードラーのかなりの部分は、ドイツ人の血を引くとはいえ、ドイツ社会で暮らし、仕事をしていくのに不自由なほどにドイツ語やドイツ文化に関する知識を失っていた。このような一部の難民に対して国籍を与えることによって、移民という言葉を使わずにきたのである。

第4節　人権と経済的合理性の追求

1999年の国籍法の改正にはいくつかの要因が考えられる。まずドイツ統一がその環境を整備したのは間違いない。西ドイツ時代には、東西分断以前に作られた国籍法を改正することは分断状況を正当化・固定化する——ものとして非難される——可能性があったが、統一が達成されたことで、改正への政治的負担が減少した。第2にアウスジードラーへの対応がある。東欧やロシアにおける社会主義体制の崩壊により、あまりにも多くのアウスジードラーが帰還し、高度経済成長をすでに終えていたドイツの受け入れ許容量を遥かに超えたと考えられたことから、連邦議会は1992年に戦争結果清算法[29]を定め、アウスジードラーの国籍への権利を大きく制限した。具体的には1年間に受け入れる上限を22万人とし、さらに追放民・難民法を改正して、その後生まれる者はドイツ人の子孫とはみなさないことを決めた[30]。血統主義の国籍法の限界が明らかになったのである。そして第3に、欧州統合の進展が大きな意味を持った。EU域外出身の移民の親がどこに住んでいるかで、子どもが滞在国の国籍——したがって欧州市民権——を得られるか否かが変わるのは好ましくない。たとえばフランスで生まれた子どもは将来ドイツに引っ越した際に地方議会選挙と欧州議会選挙で投票権を持つのに対して、ドイツで生まれ育った子どもはそれらの選挙に参加できないというのは不合理である。

以上のように、大きく見れば欧州統合の急速な発展も含めて、冷戦の終結が国籍法すなわちドイツ国民についての定義を変更させたと考えられる。反対に言えば、冷戦が戦前の国籍法の維持を長期にわたって可能とし、また要求して

37

いたことにもなる。なお、国民についての定義の変更が社会の現実の変更でないのはもちろん、それは現実についての認識の変更も意味しない。第2節で見たように、すでに1970年代には外国人労働者の子どもの統合とそのための教育が課題とされていたのであり、そうした問題意識は、かれらが移民として認識され、半分以上がドイツ国籍を得たあとも変わっていない。

なお、中世あるいはそれ以前から現在に到るまでの人間の移動に目を向けると、国籍法改正や外国人法に代わる移民法の制定は、現在だけでなく歴史に対する誠実さを示しているとも言えよう。そもそも移民と完全に無縁な国家というのは考えにくいが、ドイツの歴史には人間が境界線を越えていった事例が数多く書き込まれている。さらに人間が動かずにいるあいだに国境線が動き、気がつくと外国に暮らしているという例もある。

国民国家は自らを完成形と見る歴史を描くことを好むだけでなく、過去に対して現在の国家の枠組みを投影しようと試みるが、雑多な出来事をもとに編集される歴史の中には、いやおうなく移民に代表される不都合な事実が数多く含まれることになる。そして欧州統合やグローバル化などにより国民国家の相対化が進む中で、そうした諸事実が国民形成への圧力から解き放たれ、新たな歴史的国家像を構成することを始める。本稿は、こうしたプロセスをNRWの学習指導要領の中に見てきたことになる。同じことは、オーストリアをはじめとするヨーロッパ各地で起こりつつあると推測され、ユーロクリオの批判的な現状分析も、それ自身がこの歴史の再編過程の一部と言えるだろう。

OECDによれば、すでに2013年にドイツは約45万人の移民を受け入れており、加盟国の中で米国に次ぐ第2の移民受け入れ国となっている。そのうち4分の3はEU加盟国出身者だが、ほかに11万人の難民を受け入れてもいた。この数は世界最多であり、OECD全加盟国に対する申請者数の5分の1にあたる[31]。また、これが2015年には89万人にまで拡大したのは周知のとおりである。この背景には、当然のことながら、ドイツでは人権が比較的よく守られているだけでなく、なにより好調な経済と、人口減少下でのさらなる経済発展のために移民受け入れに積極的な政府の施策がある。こうしたなか、フンボルト大学の

第1章　ドイツの歴史教育における移民国家像の変容

フォロウタン（Naika Foroutan）らが2013年から2014年にかけて行った調査は、文化的背景に関係なく「ドイツ人とはドイツ語を話す人である」という意識が一般的になりつつあることを明らかにした[32]。たしかにその同じドイツで、旧東ドイツ地域を中心に、移民の増大はドイツとヨーロッパのイスラーム化を招くと訴えるデモが繰り返され、また特に選挙が近づくと改めて難民問題に焦点が当てられる傾向も見られるが、メルケル首相が2016年の新年の首相談話で国民に対して人権を否定するデモに参加しないよう呼びかけるなど、政策の基本的な方向性に揺らぎは見られない。

　冷戦体制から解き放たれたドイツは、このように人権を高く掲げつつ、官民をあげて経済的合理性を熱心に追求している。こうした姿は、日本に代表される、移民はもちろん難民の受け入れにも消極的な諸国に暮らす人々に、羨望という感情をもたらすかもしれない。しかし、もし今日のドイツを冷静に理解しようとするならば、その素早い変わり身を可能にした要因に注目することが求められる。

　そして、その要因の一つとして、長年にわたって移民国家としての歴史が語られてきたという事実は重要である。時々の国際環境に起因する政治的制約ゆえに、「ドイツは移民国家ではない」と語られる一方で、戦後の歴史教育は早くから移民をめぐる課題に取り組み、移民国家としての自己理解の形成を促してきた。さらに言えば、ナチズムが大量の難民を生み出し、また難民として受け入れてもらえなかった大勢の人々を虐殺した歴史を教えることが、この新しい国家理解の形成に貢献したことも否定できないだろう。言わば教育政策が国家・外交政策を先取りし、その転換を準備していたのである。

　本稿に見られるドイツの姿は、今日、グローバル化と国民国家の緊張関係を論じる前に、国家と国民の歴史について改めて検証する必要性を訴えている。

注

(1) Gathmann, Florian, u. Roland Nelles, „Merkel und die Flüchtlingskrise:

39

Kehrtwende? Keineswegs", in: Spiegel online, 15.09.2015.［http://www.tagesspiegel.de/berlin/schluss-mit-multikulti/697898.html, 2015年9月16日閲覧］

⑵　Gesetz zur Steuerung und Begrenzung der Zuwanderung und zur Regelung des Aufenthalts und der Integration von Unionsbürgern und Ausländern. なお連合市民とはいわゆるEU市民のことである。また通称であるZuwanderungsgesetzは「移住法」と訳す方が正確だが、日本での通例に従い、本稿では「移民法」と表記する。

⑶　この義務づけは2004年12月13日の連邦内務省の政令Verordnung über die Durchführung von Integrationskursen für Ausländer und Spätaussiedler［http://www.gesetze-im-internet.de/bundesrecht/intv/gesamt.pdf, 2014年9月15日閲覧］による。

⑷　保守派からは、移民にドイツ語を学習させるためには、そもそも、かれらが集住している状態を解消し、トルコ語などの母語だけでは暮らせない状態を作らなければならないといった批判も聞かれる。(Beikler, Sabine, „Schluss mit Multikulti", in: Tagesspiegel, 30.03.2006.［http://www.tagesspiegel.de/berlin/schluss-mit-multikulti/697898.html, 2014年9月30日閲覧］)

⑸　帝国時代にはポーランド系を中心に多数のマイノリティが存在し、またいまのドイツではソルブ人などのマイノリティの文化的・政治的権利の保障が進んでいる。その意味でドイツとオーストリアを過度に対照的に捉えることは不適切だが、後者と比較するとき前者の歴史において文化的多様性が果たした役割は相対的に小さいと言えよう。

⑹　滝口幸子・石川真作（2012）「イントロダクション」石川真作・渋谷努・山本須美子（編著）『周縁から照射するEU社会』世界思想社、114-122頁。

⑺　移民の低学力については、近藤孝弘（2009）「移民受け入れに揺れる社会と教育と教育学の変容」佐藤学・澤野由紀子・北村友人（編著）『揺れる世界の学力マップ』明石書店、50-72頁参照。しかし、それについては、必ずしもドイツ語力の不足ばかりではなく、社会の中でかれらに向けられる敵意が子どもたちの思考力を低下させているという議論もある。リンツ大学の心理学者アペル（Markus Appel）が、移民の生徒に対して右翼政党による「移民の代わりに社会保障を！」という選挙ポスターを見せたところ、それを見る前に比べて思考力を要する問題の正答率が低下したのに対し、移民の背景を持たない生徒では、そうした変化は見られなかったという。(Sterkl, Maria, Ausländerfeindlichkeit verringert die Denkleistung, in: derStandard.at, 3. September 2013.［http://derstandard.at/1376535472021/

Auslaenderfeindlichkeit-verringert-die-Denkleistung, 2014年10月5日閲覧］）

(8) 2009年1月にはウィーンの学校でイスラームの宗教教育を担当する33歳の教員が、イスラエルによるガザ政策に反対するために、マクドナルドやコカコーラの名前をあげて「ユダヤ資本」をボイコットするよう生徒に呼びかけるという事件が起きた。また同じ時期にイスラーム学者のコルヒデ（Mouhanad Khorchide）がオーストリアでイスラームの宗教教育を担当する400人あまりの教員のうち約200人に対して行った調査から、かれらのうち27％が人権宣言に反対し、18％がイスラーム法に反する者への死刑を正しいと考えていることが判明した。(Institut für Islamfragen, *Presseinformation: Ergebnis einer Befragung von Islamlehrern in Österreich beunruhigt*, 2009, S.3.) その後も不適切な言動のために教員が授業から外される事態が繰り返されている。(Strümpel, Anna, Menschenverachtende Aussagen im Religionsunterricht, in: derStandard.at, 14. November 2012. [http://derstandard.at/1350261301806/Menschenverachtende-Aussagen-im-Religionsunterricht, 2014年10月5日閲覧］）

(9) Hintermann, Christiane, 'Beneficial', 'problematic' and 'different': Representations of Immigration and Immigrants in Austrian Textbooks, in: Hintermann, Christiane & Christina Johansson（eds.）, *Migration and Memory. Representations of Migration in Europe since 1960*, Studien Verlag, Innsbruck-Wien-Bozen, 2010, pp.61-78.

(10) Ibid., p.75.

(11) Recommendation "Including migration in history teaching will help end 'us' and 'them' syndrome". [http://www.europaeum.org/files/reports/EUROCLIO_Migrations-Recommendations.pdf, 2014年11月3日閲覧]

(12) 本稿が分析対象とする学習指導要領は以下のとおり。*Richtlinien und Pläne für den Unterricht in der Volksschule*, Maximilian Verlag, 1948; *Die Volksschule in Nordrhein-Westfalen. Richtlinien Leitsätze Erlasse*, A. Henn-Verlag, 1955; *Grundsätze, Richtlinien, Lehrpläne für die Hauptschule in Nordrhein Westfalen*, Henn Verlag, 1968; *Richtlinien und Lehrpläne für die Hauptschule in Nordrhein-Westfalen. Gesellschaftslehre, Geographie, Geschichte/Politik*, Henn Verlag, 1974; *Richtlinien Geschichte/Politik Lernbereich Gesellschaftslehre Hauptschule*, Verlagsgesellschaft Ritterbach, 1989; *Kernlehrplan für die Hauptschule in Nordrhein Westfalen. Gesellschaftslehre, Erdkunde, Geschichte/Politik*, Ritterbach Verlag, 2011.

(13) 翌年に刊行された学習指導要領の解説 *Geschichtsstoffplan für Volks- und Mittelschulen. Nach dem ministerellen Richtlinien des Landes Nordrhein-Westfalen*, Verlag Lambert Leusing, 1949, S.16 には、東方における都市建設の例としてブランデンブルク、マイセン＝シュレジエン、オーストリア、プロイセンの4地域があげられている。

(14) *Lehr- und Arbeitsplan der Volksschule. Vorschläge für die Stoffverteilung in den einzelnen Fächern des Volksschulunterrichts*, Aloys Henn Verlag, 1956, S.186. なお本稿では原則としてRichtlinieに対して学習指導要領という言葉をあて、LehrplanやStoffplanなど、Richtlinieに対応する形でより具体的に授業で取り上げるべきテーマや教材を記した文書を便宜的に学習指導要領の解説と呼ぶことにする。

(15) こうした東西ドイツ間で移住する人々は、後に記すアウスジードラーと区別してユーバージードラー（Übersiedler）と呼ばれた。1953年の東から西への移住者数は、西ドイツ側の発表で33万1,390人、東ドイツ側の発表で27万470人である。(Übersiedlungen zwischen der DDR und der Bundesrepublik Deutschland von 1949 bis 1990 [http://de.statista.com/statistik/daten/studie/248905/umfrage/uebersiedlungen-zwischen-der-ddr-und-der-bundesrepublik-deutschland/, 2014年12月2日閲覧])

(16) Verband der Katholischen Lehrerschaft Deutschlands Zweigverband Westfalen Hg., *Lehr-, Bildungs- und Erziehungsplan für Volksschulen*, Pädagogischer Verlag F. Kamp, 1965, S.166.

(17) アウスジードラーの数については、Bundesverwaltungsamt, 1950 [http://www.mi.niedersachsen.de/download/83330/Aussiedlerstatistik_von_1950_-_2005.pdf, 2014年12月3日閲覧] を参照。

(18) Eisfeld, Alfred, Zwischen Bleiben und Gehen. Die Deutschen in den Nachfolgestaaten der Sowjetunion, in: *Aus Politik und Zeitgeschichte*, B.48/93, S.47-48. ルーマニアでは山間部でドイツ系住民が密集して暮らしていたケースが多く、それがドイツ語とその文化の維持につながったと言われる。

(19) アウスジードラーの教育については、近藤孝弘（1996）「選択肢としての外国人教育」『東京学芸大学海外子女教育センター研究紀要』第8集、86-90頁を参照。

(20) なおイタリアとのあいだでは、すでに1955年に、スペインならびにギリシャとのあいだでは1960年に、そしてモロッコ（1963年）、ポルトガル（1964年）、チュニジア（1965年）、旧ユーゴスラビア（1968年）とのあいだでも同様の二国間協定

42

が締結された。

(21) *Richtlinien und Lehrpläne für die Hauptschule in Nordrhein-Westfalen. Gesellschaftslehre. Geographie, Geschichte/Politik, Projekte, Verkehrserziehung*, Henn Verlag, 1974, S.26.

(22) Der Kultusminister des Landes Nordrhein-Westfalen Hg., *Empfehlungen für den Unterricht in den Klassen 9 und 10 der Hauptschule in Nordrhein-Westfalen Gesellschaftslehre*, Greven Verlag Köln, 1980, S.54.

(23) Der Kultusminister des Landes Nordrhein-Westfalen Hg., *Richtlinien Geschichte/Politik Lernbereich Gesellschaftslehre Hauptschule*, Verlagsgesellschaft Ritterbach, 1989, S.12.

(24) 五つの観点とそれに基づく記述についてはDer Kultusminister des Landes Nordrhein-Westfalen, S.60-61を参照。

(25) ナチ時代の強制労働については、矢野久（2004）『ナチス・ドイツの外国人：強制労働の社会史』現代書館を参照。

(26) Der Kultusminister des Landes Nordrhein-Westfalen, S.110.

(27) Ministerium für Schule und Weiterbildung des Landes Nordrhein-Westfalen Hg., *Kernlehrplan für die Hauptschule in Nordrhein-Westfalen. Gesellschaftslehre. Erdkunde, Geschichte/Politik*, Ritterbach Verlag, 2011, S.5.

(28) Ebenda, S. 47-48, 57-58.

(29) 正確には「戦禍法の清算に関する法律（Gesetz zur Bereinigung von Kriegsfolgengesetzen, KfbG）」。1993年1月1日施行。

(30) 大野英二（1994）『ドイツ問題と民族問題』未來社、154頁。なお追放民・難民法はドイツ語でGesetz über die Angelegenheiten der Vertriebenen und Flüchtlinge。通称Bundesvertriebenengesetz, BVFG。

(31) なお11万人は難民申請者数であり、正式に難民認定された者の数ではない。しかし認定が最終的に却下されるまで申請者はドイツ国内に滞在できる。

(32) Foroutan, Naika, u. a., Deutschland postmigrantisch I. Gesellschaft, Religion, Identität. Erste Ergebnisse, Humboldt-Universität zu Berlin, 2014, S.6.〔https://junited.hu-berlin.de/deutschland-postmigrantisch-1/, 2014年12月5日閲覧〕

第2章　ベルリン・ノイケルンにおける移民統合の試み

　かつて自分たちは移民国ではないと宣言したドイツだが、統一以降、移民に対する暴力事件が相次ぐと、遅ればせながら1990年代末に変化が生じた。各地に移民諮問委員会が設置され、また移民担当官が配置された。そして2005年には連邦政府が移民・難民・統合担当相を任命するに到った。さらに同年、移民法（Zuwanderungsgesetz）の施行にあわせて、連邦移民難民局が設置された。

　自治体別に見てみると、いまも移民の90％以上が西部ドイツの大都市とベルリンに居住している。筆者が勤務するベルリン市ノイケルン区の人口は32万2,000人だが、そのうち13万5,000人（42.1％）が移民の背景を持ち、その出身国は147か国に及ぶ。最も多いのがトルコ系で3万7,000人（11％）、次いでアラブ系が2万8,000人（9％）、ポーランド系1万4,000人（5％）、旧ソ連とアフリカ諸国出身者がそれぞれ5,000人（2％）である。イスラーム諸国出身者は計5万7,500人にのぼっている[4]。

　ベルリンの壁の崩壊後、ベルリンへの経済構造助成金（Wirtschaftsstruktur-förderung）が廃止され、その結果、ノイケルンでは10の大規模事業所が閉鎖された。また、旧西ベルリン全体では工場労働者20万人のうち17万人が職を失った。それにより当然のことながら失業率は上昇し、ノイケルンの2013年現在の失業率は18％である。具体的には区民32万2,000人のうち9万2,000人が公的支援を受けており、受給者の約70％が移民の背景を持っている。

　この失業こそが統合の最大の障害である。様々な困難があるとはいえ、失業問題を克服し、次世代の移民を社会に統合するためには教育に一層の力を入れるしかない。公的私的を問わず、NGOを含む諸機関の緊密なネットワークと効果的な協力体制が必要である。

1.2　ノイケルン区における移民統合のための10原則

　ノイケルンは、移民の統合という課題に取り組み、またそのための活動を指導することを目的として、2009年5月以来、以下の10の基本原則を定めている。

1) ノイケルンのすべての住民は自由で民主的な基本秩序の価値および規則に従って生活する。そこでは社会空間的混合の原則が適用される。
2) 移民は平等な権利と義務を持つパートナーである。
3) あらゆる人々に、自ら人生を設計して実現する機会が与えられる。
4) 寛容なノイケルンはあらゆる人々を受け入れると同時に、明確な規則を有している。これらの規則を犯す者は誰であれ地域社会の介入を受けなければならない。
5) 努力と能力が社会的な地位向上の原動力である。
6) 教育が統合の鍵である。
7) 統合政策は短期のプロジェクトでは達成できない。
8) 人口構成の変化にあわせた規制が行われなければならない。
9) 統合政策は住民の抱える問題や生活状況に基づかなければならない。
10) 問題は住民とともに定義され、解決されなければならない。

　これらの指針は、多様な文化・価値観への寛容の上に民主的な法治社会を形成することを目的とするものであり、その一員となることに困難を見出す人々の意見を聞きながら、そのための支援を継続的に行う意志を宣言していると言ってよいだろう。

第2節　統合政策とその目的

2.1　基本法の要請

　基本法（すなわち憲法）は、当然のことながらノイケルンに居住するすべての人々に適用される。誰もが自由で民主的な社会の基本秩序が有する価値と規則を受け入れ、それに従って生活することが要請される。これはイスラームの女性がスカーフを脱ぐことや、ましてやキリスト教徒に改宗しなければならないことを意味しない。いわゆるドイツの文化的アイデンティティとも関係のない話である。しかし、「平行社会（Parallelgesellschaft）」を作り、民主主義的社会

第2章　ベルリン・ノイケルンにおける移民統合の試み

秩序を無視してその中で独自の規範や伝統に従って生活することは認められない。

　自由で民主的な秩序は、基本法第1条「人間の尊厳は不可侵である」に基づく。すなわち、宗教、出自、世界観、年齢、性別、障害の有無、性的指向にかかわらず、あらゆる人は人間としての尊厳を有している。異教徒と見なされる人々の尊厳もまた不可侵であり、無神論者や同性愛者についても同じである。また、この原理は法の下の男女の平等も意味しており、たとえば少女たちは、仕事に就くか否か、どのような職業か、結婚するかしないか、また、どのような男性と結婚するかについても、自ら決定することできなければならない。結婚を強要することは、文化的・宗教的には正当化されるとしても、自由主義に基づく社会秩序を犯すことになる。

　そのほか基本法は、子どもの就学や親の義務についても定めている。たとえば子どもに衣食住を十分に与えず、学校に通わせない者は、親としての義務を果たしていないとみなされる。また、ベルリンの学校法は、少女も水泳の授業に参加しなければならないと定めている[5]。宗教上の理由から自分の娘を水泳の授業に参加させない者は、学校法に違反している。

　信教の自由を定める基本法は、誰もが自分の信仰を実践する権利を認めると同時に、他の信仰集団や信仰を持たない人々を尊重する義務を市民に課している。なお、宗教団体には礼拝所の建設が認められるが、モスクや教会、寺院を建設するのは国家ではなく、関係する団体であり、それらを建設するに際しては、関連する建築規則や法律を遵守しなければならない。

　そして重要なのは、ノイケルンに住む人々が、こうした自由で民主的な基本秩序の原理を受け入れるだけでなく、これらの原理に共感することである。この点について、ミュンテフェリンク（Franz Müntefering）元副首相は次のように述べている。

　　憲法愛国心はドイツ人だけでなく、ドイツに住むすべての人々の問題である。
　　この国に滞在することを希望する者は、これを受け入れなければならない。憲法
　　を支持し、実践しなければならないのである。[6]

49

ノイケルン区役所前広場での交流イベント

　移民に憲法愛国心を求めることは、同時に、すべてのノイケルンの市民が全力を投入して、かれらを同等の権利と義務を持つパートナーとして受け入れることを意味している。特に統合には感情の要素が大きな位置を占めることから、「歓迎の文化」が推進されている。たとえば外国籍者がドイツ国籍を取得したときには、事務的な対応で済ませることなく、その家族のための重要なイベントと考え、新しい市民に心からの敬意を表する。具体的には、月に2回、区役所で厳粛な式典が行われている。

　また、移民をパートナーとして受け入れるためには、かれらについて語るのではなく、かれらとともに話し合わなければならない。そこでは、様々な民族的・宗教的・社会的な集団による文化センター等の諸機関と連携することが重要になる。

　また、区の行政そのものが人口構造の変容に対応していなければならない。特に移民の背景を持つ住民が行政職員としての資格を取得できるよう訓練の場を提供することによって、区役所そのものを異文化に開放することが目指されている。すなわち今日、職業教育を受けている者の30％が移民家庭の出身であり、その45％が行政職員となるための学習をしている。かれらは交流情報

センター（TIO, Treff- und Informationsort）などの非営利機関による特別な講座を受講することで[7]、採用試験に向けた準備をすることができる。知識の不足を補うためのセミナーに参加し、修了試験に備えることが、その第一歩となる。

　もちろん、最も根本的に重要なのは、移民が自分で選択して人生を切り開く機会を持つことである。自由で民主的な社会においては、自らのビジョンを追求する者がそれを実現する機会を得られるのであり、うまい儲け話の誘惑や原理主義的信仰による癒し、あるいはホスト社会と交流を持たない平行社会の伝統的な模範に流されるようでは、統合はおぼつかない。統合のための基盤は人生の早い段階で形成されるのであり、特に青少年には、被害者意識を持って当然のように公的支援を受け取り続けるのではなく、人生を自分の手に取り戻すことの大切さを理解してもらう必要がある。

　なかでも、少女たちが置かれている状況には注意が必要である。すなわち女性や母親の役割といったジェンダー的な固定観念が、今も少女たちに押し付けられている。多くの家庭で、「けんかっ早い」「精力旺盛」「勇敢」などという力強さを想起させる言葉が男性を象徴するものとして使用され、一方で、女性を象徴する語としては「貞操」「純潔」「従順」いった言葉が使用されている。こうした結果として、少女たちは学校教育や職業訓練の機会を奪われてしまう。特に家事や家族の世話をするよう要求され、そちらが学業よりも優先される結果、学校を早期退学してしまうことが少なくない。さらに進化論に象徴される生物学や、世界を非宗教的に捉える社会科学、また肌の露出が多い水泳などのスポーツのような、学校で教えられている「不必要」かつ「不純」とされる教科の学習をやめてしまうことが多い。

　そもそも多くの少女たちが、大家族で劣悪な環境の中に暮らしている。家庭環境にも問題がある場合が多く、戦争などによるトラウマを抱えていたり、親がアルコール中毒や薬物中毒であることも少なくない。また、家庭内暴力や性的暴力、さらに結婚の強要を含む若い女性の自己決定権の欠如も深刻である。

　そこで区は、少女たちのために五つの施設を設置した。「マドンナ

マドンナ（MaDonna）の活動

(MaDonna)」はその一つである[8]。そこでは家庭の束縛から解放されて、自由に身体を動かしたり、おしゃべりをすることができる。教育や職業訓練を受ける権利や暴力のない家庭で育つ権利、仕事や結婚相手を自分で選ぶ権利について知らなかった少女は、そうした施設で、イスラーム文化と民主主義の価値観や自由とのあいだには女性の役割をめぐって対立する領域があることを学び、そこから基本法が保証する平等な権利に気づくようになるのである。

　こうした活動は長期的にも大きな意味を持つ。すなわち移民を背景に持つ人々のあいだでは、成人になってもこうした平等の原理を理解せず、いまだに女性の役割は単に男性に奉仕し、子どもの世話をするだけであると考えられている場合が多い。自由で民主的な社会においては、女性の多数が大学を卒業していることから明らかなように、男性より優れているわけではないとしても、完全に平等な人間として受け入れられるのが当然だが、こうした認識は移民家庭で実践されている文化や慣習と衝突することが多い。そのような境遇にある女性たちにとって、自分で人生を設計し、それに基づいて人生を自ら決定すべ

きことと理解するのは非常に重要である。

2.2 ノイケルンの教育政策

　近年行われた調査によれば[9]、ノイケルンの北部地域にはトルコ系の大集団をはじめとして、アラブ系の少数民族まで、ほぼ160か国以上にルーツを持つ移民が暮らしており、この地区が周囲の地域から社会的に孤立する危険が増大している。ここでは2人に1人が移民家庭の出身者であり、多くが福祉給付金や失業給付金を受給している。25歳の45％が失業給付を受け、子どもたちの親の多くが仕事に就いていない。

　こうした状況下で犯罪常習者が増加している。このような状況を放置することはできないことから、区は地区の問題解決に様々な形で取り組んできた。

　なお、同地区にはギムナジウムが3校存在し、そこでは1,900人の全生徒の約7割が移民の背景を持っている。しかし、残念なことに、他の若者の模範となりうるギムナジウム生たちは、その多くがアビトゥアを取得すると他地域に転出してしまう。移民層のあいだでも階層分化が進んでいるのである。

　こうした現実を承知した上で、それでも区は、この地域の教育の改善に努力している。たとえば、そのうちの1校であるアルバート・シュヴァイツァー・ギムナジウムはトルコ・ドイツセンターと協力して、トルコ系スタッフの力を借りつつ、授業時間以外に生徒を支援するプログラムを提供し、かれらの学力向上に努めている。そこでは、直接的に生徒に補習授業を行うだけでなく、親と教師のコミュニケーションの機会を積極的に設けるなどの試みもなされてきた。

　かつてこのギムナジウムは生徒数の減少により閉鎖の危機にあったが、これらの努力を通じてトルコ人の親の信頼を獲得することができ、復活を遂げた。生徒数は390人から610人にまで増え、また全日制化することにより、今日では親が望む学校の上位に位置している。卒業に到る生徒の数も倍増し、なお増え続けている。

　こうした優秀な学校の存在は、少なくとも教育熱心な親たちが子どもの就学

53

時にこの地区を離れるのを食い止めることができる。住民の流出は、単に出て
いく人口が減るだけでなく、その地区の社会的な力の損失を意味する。

　このように、統合政策においては学校教育に大きな期待が寄せられている。
しかし当然のことながら、それですべての問題が解決するわけではない。寛容
なノイケルンは、あらゆる人々を受け入れると同時に、明確な社会的ルールを
持っている。これらのルールを犯す者は誰であれ、地域社会が取る措置を受け
入れなければならない。

　この点に関連して、トルコ系ドイツ人として初めて欧州議会議員となったエ
ツデミル（Cem Özdemir）は、次のように述べている。

　　社会に期待されているのは、できれば親の協力のもとで、しかしながら必要で
　あれば親と対立してでも、人道的な方法を用いて子どもたちの教育を保証するこ
　とです。[10]

　こうした考え方に基づき、区は就学義務の完全実現を目指している。規則は
守られなければならない。

　実際のところ、子どもたちの就学はきわめて重要である。今日の知識社会に
おいて、若者は、卒業証書を持たずして職業訓練の場や技術を要する仕事に就
くことはできない。そして、それでは自分の生活を設計することもできないの
である。

　しかし、説得によって不登校常習者の態度を変えることは、経験上不可能と
言わなければならない。したがって、悪質な不登校生徒の親には罰金を科すこ
とになる。もっとも、それでも子どもが規則通りに授業に出席するとは限らな
い。そのような場合は、警察にその子どもを学校まで送り届けるように依頼す
ることになる。しかし、こうした措置も、現実には、警察官が学校を離れたの
を見計らって、生徒は教室を抜け出して自宅に帰ってしまうということが頻繁
に起きるなど、その実効性に疑問は残る。それでも、かれらを放置することは
できない。

第2章　ベルリン・ノイケルンにおける移民統合の試み

　なお、中途退学を繰り返す若者には寄宿学校が勧められることになる。もちろん、この場合には親の同意が必須である。これは容易ではないが、家族から離れて生活し、手厚い教育支援を受けることによって、生徒たちが抱える問題を比較的早期に解決できる可能性がある。

　他方、区には住民を守る責務もある。したがって犯罪者がノイケルンの通りや広場に危険をもたらす場合には介入しなければならない。現在、区内に居住する少年犯罪者200人ほどが深刻な問題を引き起こしている。かれらの多くは移民家庭の出身で、幼い頃から頻繁に数々の犯罪に手を染めてきている。残念ながら、もはや説得によって彼らを制止するのは困難である。

　大切なのは初犯の時であろう。犯罪少年を過度に寛大に処遇してはならない。かれらが直ちに不法行為が誤りであることに気づくこと、罪を犯せば罰せられるということを正しく理解することが重要である。たとえば15歳の少年が暴力や窃盗といった犯罪行為を行ったにもかかわらず、きわめて軽い処罰しか受けなかったことによって、国家を弱い存在とみなし、さらなる犯罪に手を染める許可を得たと思い込むようなことがあってはならない。

　こうした考え方に基づき、ノイケルンは適切な措置をとるよう努めている。区を管轄する青少年裁判所判事のもとで少年犯罪訴訟の標準化された略式訴訟手続きが導入され、そこでは裁判所、警察、学校、青少年福祉事務所の協力により、少年犯罪者に対する訴訟手続きの迅速化が進められている。これはノイケルン・モデルと呼ばれる。

　もちろん、こうした罰は最後の手段であり、より重要なのは予防戦略である。民主主義の理解やそれに応じた倫理的行動が、幼稚園や基礎学校などの早い時期から奨励されるべきである。また、たとえば郊外のレッシングヘーエ児童・青少年センターにある青少年司法の家（Jugendrechthaus）は[11]、2003年から親と子どもに対して無料で法律アドバイスを提供している。具体的には、警察官と法律家が毎週相談の時間を設けており、そのほか学校の授業のためのプロジェクト・デーなどを開いている。

55

2.3 「誰もが自分の運命の設計者」

　この言葉は、自分の人生に責任を負えるのは自分しかいないというあたりまえのことを述べている。通常、成功は自らの努力の結果である。自分の能力を生かし、責任を負い、規律をもって民主的な社会に参画しようとする意欲が、社会的な地位向上の原動力でなければならない。適切な自尊心が人生設計への道を切り開くのである。目標が達成されれば、自分に誇りを感じることもできる。

　しかし現実には、職場は削減され、未熟練労働者や資格を持たない労働者のための場所は不足する一方である。この点では、若者はもちろん、区も大変な努力を強いられている。十分な教育を受けられない家庭の出身者が、自ら人生を切り開いていくことができるように条件を整えていかなければならないのである。

　しかし、そのためにも、まずは障害を明確にした上で、何よりも「私はできる！」と自分を励ますことが必要である。

　次に、時間の厳守、信頼性、責任感、規則の遵守といった、仕事で要求される基本的な能力の開発が行われる。社会階層における自分の現在地を正しく認識している者だけが、職業教育を成功裏に終えることができる。そもそも教育とは、単にドイツ語力、優秀な成績、高学歴を意味するのではない。教育はそれ以上のものであり、そこには社会的能力も含まれる。他者に寛大であること、民主的な仕方で他者と交流すること、他者の意見を受け入れ、異なる考えに敬意を表すること、こうしたことすべてが教育の成果として期待されるのである。また、仕事や日常生活で得た知識を効果的に応用する能力も重要であり、それらは他の人を信頼することや時間厳守などの二次的な美徳を学んで初めて可能となる。

　さて、ここで重要なのは、このように移民の統合にとって大きな意味を持つ学校教育は、親が用意した基盤の上でしか機能しないということである。しかし、ノイケルンの多くの親には、まさにそれを期待することができない。というのも、親自身が教育をほとんど受けておらず、ドイツ語を話せないケースが

少なくないからである。自分が抱える問題で手が一杯で、そもそも子どもの教育まで気にかける余裕がない場合も多い。さらに、経済状況に問題を抱えている人々もいる。子ども5人を含む7人家族が3部屋しかない住居に住んでいれば、勉強はもちろん、おもちゃで遊ぶためのスペースもない。また、自分たちの文化的伝統を守って生活する多くの移民家庭では、教育の最高原理は子どもを服従させることであり、必要であれば暴力も用いられる。このような家庭環境では、自由で民主的な基本原則に基づく社会に適応し、成功するために必要な社会的能力を習得することは、とても難しいと言わなければならない。

このように、多くの場合において子どもの将来はその親によって破壊されている。こうしたケースでは行政や社会が介入し、具体的には幼稚園や学校が家庭教育で生じる欠損を補う必要がある。親の社会的、経済的、文化的背景に関係なく、すべての子どもたちに同等の教育の機会を与えることは、我々の社会の責務である。

学校教育の効果は子どもが学校で過ごす時間が長いほど大きくなると考えられることから、まずは特に大きな問題を抱えている北ノイケルンのすべての基礎学校を半日制から全日制化することが計画されている。また、すでに基礎学校には、子どもに上手く対処して学習環境を改善できるよう、子ども室（Schulstation）が設置されている。そこではソーシャルワーカーが問題を抱える子どもを精神的・社会的に安定させ、学ぶ意義について教えている。また、親や教師に対して、校内暴力や不登校を予防するための助言を与えるのも、このソーシャルワーカーの仕事である。

第3節　総合的な政策の必要

3.1　人生の全体に対する支援

これまで、特に北ノイケルンを中心に教育的対応の必要性とその施策について述べてきた。しかし統合は永続的なプロセスであり、期間と対象が限定された個々のプロジェクト型の政策では十分に対処することはできない。プロジェ

クト型の政策は、とるべき行動の指針を示す上では役に立つが、統合を着実に進めていくには長期的かつ総合的なアプローチが必要である。

まず早期支援が移民家庭の子どもたちにとって非常に重要である。とりわけ学習や発達の機会を改善するために、早期言語教育が強化されなければならない。多くの親は就学前教育の重要性に気づいておらず、特に低学歴の親のあいだに子どもたちを教育機関に通わせようとしない傾向があることから、ノイケルンでは3歳からの就学前教育を義務化している。

なお、「残りかす学校」と呼ばれて久しい基幹学校がいまだ存続していることは大きな問題である。この問題に対しては、基幹学校に代わる中等学校をモデル校として導入するなど、三分岐型から二分岐型学校制度への転換が進められているところである。

そのほか、地域の教育力を高めるために、学校と地域のより緊密で直接的な協力関係を構築するという課題もある。もとはと言えば、学校での暴力事件から、警察ならびに青少年福祉事務所とのあいだで緊密な協力体制が生み出されたのだが、匿名性の高い大都市では、そのような地域におけるパートナーシップ的関係が特に重要である。また、まだ試験段階だが、ノイケルンでは各地区にタスクフォースが設けられ、地区で生じる諸問題にあらかじめ申し合わせた方法で対応できるようにすることを試みている。そこでは住民の窓口となる様々な公的機関が緊密な協力体制を敷いて紛争に対応することになる。実施された制裁措置を含むすべての情報は、定期的に開催される事例会議で報告され、それに基づいて新たにどのような支援やケアをすべきかが検討される。

3.2　住民自身によるエンパワメント

統合には総合的な都市政策が求められるということは、もちろん個々の問題への対応が不要であることを意味しない。それどころか具体的なニーズ、すなわち住民が日々直面する問題を深刻に受け止め、考察し、解決することが大切である。しかし、区の機関とそのスタッフには、地域における多様かつ変化するニーズを適切に把握し、タイムリーに対応することは難しい。そこではやは

り住民自身による支援活動が重要なのであり、そのあるべき形が模索されている。

　たとえばマイノリティとともに生きる社会の活性化を目指して活動する「市民相互支援（Bürger helfen Bürgern）」というNPOがあり[12]、この団体は区役所の一室でトルコ系やアラブ系市民による母語での相談会を開催している。年間2,500件あまりの相談が行われ、移民に対してアドバイスを含む様々な情報提供がなされている。そこでは特に中高年の男性が、職業斡旋所に提出する書類などに書かれていることを理解し、記入する際の支援を受けている。さらに、その他の問題について、どこにいけば適切な助言が得られるかについてのアドバイスも提供されている。

　そのほか、これまで国の内外で高く評価されてきた都市政策プログラムの一つに「地域の母（Stadtteilmütter）」がある[13]。学校や青少年福祉事務所や警察のような公的機関にとって、低学歴の移民家庭に対して適切な支援を届けることにはなお大きな困難があるという現実に基づき、移民で仕事についていない母親たちに資格を与えて、彼女たちに自分の属するマイノリティの家庭を訪問して、ドイツ語コースや早期幼稚園入学について助言を与えたり、定期的な健康診断について案内してもらうのである。現在、地域の母親たちは、8,000人の子どもを含む2,000世帯以上の家庭に支援のネットワークを広げている。

　以上の個別プロジェクトのほか、2002年よりノイケルンには移民委員会が設置されている。この委員会は、12の移民協会の代表に加えて、主要な慈善団体、学校、警察、政治、行政の代表者で構成されており、委員会のメンバーは恒常的に情報を交換し、緊密なネットワークを作り上げている。そこでの議論から、各地域が抱える問題と、それに対する提案が区に対してなされ、それは区役所で検討された上で実施されることになる。

第4節　「ノイケルンは難民を歓迎します！」

　以上のように、まだ問題は山積しているとはいえ、ノイケルンは移民の統合

のために着実に歩みを進めてきた。その活動はドイツにおいて一定の評価を受けていると言ってよいだろう。

　しかし、新たに大きな課題が生じた。日本でも知られているように、ドイツは2015年に100万〜150万人の難民を受け入れている。彼らはケーニヒシュタイン・ルール(14)に基づき16の州に配分され、その結果ベルリンは全体の約5％、すなわち5万〜7万5,000人を受け入れることになる。実際に2015年9月末の時点で、83の難民施設に2万5,000人が暮らしており、その他に数はわからないがホステルや個人の家に宿泊している者もいる。なおノイケルンでは三つの施設に625人が、またホステルならびに個人宅に700人あまりの難民が宿泊している。

　ベルリンは、これほど多くの難民を受け入れる体制をこれまで整えてこなかった。既存の宿泊施設は明らかに不足しており、使用されていない工場や体育館はもちろん見本市会場まで利用されている。さらに、かれらを収容するための居住用コンテナの設置が急ピッチで進められてもいる。

　1日に1,000人に及ぶような数の難民は、市の中央受け入れ施設では到底対応できず、そこに登録されるまでに1週間程度待たされることになる。さらに連邦移民難民局に難民申請をできるようになるまでに、もう1週間ほど待たなければならない。その後、難民申請が認められるか否かの決定が出るまでに平均して5か月半かかる。

　申請から3か月が経過すると一次収容施設を出て自分の住居に移り、また仕事に就くことが認められる。その際、個々の決定を下すのは外国人局と連邦雇用庁である。なお、一次収容施設では必要な食事・衣服・衛生用品が支給される。それに加えて成人には毎月143ユーロの小遣いも支払われる。これは3か月後からは359ユーロになる。この額は失業保険の額（399ユーロ）に準じている。

　当然のことながら公的機関だけでは、難民を適切に受け入れ、対応することはできない。それゆえ難民が到着した日から、ボランティアがその支援に大きな役割を果たすことになる。具体的には難民を歓迎するために駅に出迎えに行

き、中央受け入れ施設に到着する前に食料や衣服を支給し、必要な医療を施すのである。またボランティアは難民の宿泊施設ごとにグループを作っており、ドイツ語コースや子どもの世話、そして余暇活動を提供するほか、寄付を集めたり、住居の斡旋といった支援も行っている。ノイケルンでは二つのボランティア団体が活動している。

　大量の難民は、教育に大きな課題をもたらしている。まず、幼稚園や学校の受け入れ能力が問題となっている。具体的には、人口32万6,000人のノイケルンで幼稚園の1,000人分の場所が不足しているのである。難民の子どもも他の子どもと同じように就学前教育を受ける権利がある。義務教育も同様であり、現在1クラス12人の受け入れ学級を44クラス設置している。そこに通う子どもたちは、ドイツ語が話せるようになり次第、通常クラスに移ることになる。それでもキャパシティは限界に達している。教室数が決定的に不足しており、学校と幼稚園の新設が急がれている。

　大人に対しては、社会教育施設（フォルクスホッホシューレ）に難民のためのドイツ語コースが多数設けられ、区が財政支援を行っている。難民は一次収容がなされるとすぐに、このドイツ語コースを受講することが認められる。ノイケルンのフォルクスホッホシューレは1クラス15人で15クラスを運営しており、さらに近く12クラスを増設する予定である。

　もっとも、こうしたドイツ語コースが持つ意味は限られているという現実もある。ノイケルンでは、ドイツ語でドイツ人と話すことなく日常生活を送ることもできるのである。特に北ノイケルンではアラビア語人口が3万人を超えており、社会生活のほぼすべての領域（スーパーマーケット、薬局、銀行、医者、モスク）にアラビア語を話す市民が存在する。さらに認定された難民は、家族を呼び寄せることが許されており、連邦移民難民局によれば、難民は平均3人の家族を難民として申請している。こうして、平行社会が広がる危険が増しているのである。

　また、こうした難民の受け入れについては、そのコストに注目する人々もいる。根本的には、これほど多くの新しい市民のための職場はないという問題が

ある。専門技術を持つ労働者は常に需要があるが、そうでない者のための職場は限られている。そして社会の底辺では、難民を競争相手と見て拒絶したり、さらには攻撃する人々もいる（東部ドイツを中心とする右翼急進主義者によるデモや難民収容施設への放火など）。

しかし、こうしたコストは、難民の統合における成功の程度が、かれらの参加によってドイツの市民社会が得られるメリットに直結することを意味してもいる。

こうしたなか、メルケル首相は「私たちにはできる！」と述べた。首相は、ボランティアに取り組む市民に、「歓迎の文化」の実現に向けた大きな仕事を期待することができる。そして忘れてならないのは、難民の大部分は祖国に帰ることはなく、ドイツやヨーロッパに留まるであろうと推測されることであり、したがって統合のための努力はすべきか否かが議論される性格のものではないということである。

第5節　市民としての移民を目指して

最後に、改めてノイケルンの現状を確認すると、今日、北ノイケルンの人口は15万人を超え、そのうち4分の3以上を移民の背景を持つ住民が占めるに到った。しかも、地区住民は複数の民族・宗教的集団に分裂していることから、文化的多数派はもはや存在しない。マジョリティであるドイツ人が特定の民族集団を寛容に受け入れるという構図は、もう通用しない。移民や難民の受け入れのために、多くの移民がボランティアとして働いている。

こうした状況において、いま「寛容」という言葉の真価が問われている。それは多数派が少数派に示す恩恵ではなく、少数派も含む市民全員が社会を成り立たせるために身につけなければならない最低限の社会的資質である。

ノイケルン市民は今後も自由と民主主義を基本原理とする一つの町として存続し続けることを望んでいる。他に選択肢は存在しない。そして、それを可能にする唯一の方法が、寛容に裏付けられた統合なのである。

第2章　ベルリン・ノイケルンにおける移民統合の試み

　このような基本認識に立つとき、北ノイケルンのように周囲の地域と隔離されがちな地区において問題なのは、移民の数が多いことではない。問題は、そうした人々の一部に、社会への参加意識と自立して生きようという意欲が不足しがちなことである。若い世代を社会的な悪循環から救い出す鍵は、やはり教育にある。区にはすでに一定の実績があるが、その努力は今後も続けられ、発展させられなければならない。そして、その努力を支えるのは、移民を含む市民自身なのである。

注

(1)　そのほか20世紀の終わりにはレバノンや旧ユーゴスラヴィアの紛争地域から難民が流入した。1992年に難民数は120万人となり、そのうちの44万人が庇護を申請していた。

(2)　§2 Begriffsbestimmung, Gesetz zur Regelung von Partizipation und Integration in Berlin, Dez. 2010［http://www.berlin.de/imperia/md/content/lb-integration-migration/publikationen/recht/partintg_bf.pdf?start&ts=1355822309&file=partintg_bf.pdf, 2014年8月15日閲覧］

(3)　基本法116条1項の規定は以下のとおり。「本基本法の意味におけるドイツ人とは、法律に別の定めがある場合を除き、ドイツ国籍を有する者、または1937年12月31日のドイツ国の領域内に、ドイツ民族に属する亡命者もしくは難民またはその配偶者もしくは子孫として受け入れられている者をいう」。

(4)　Die Bevölkerungstruktur Neuköllns（Stand: 31.12.2013）［http://www.berlin.de/ba-neukoelln/migrationsbeauftragten/bevoelkerungsstruktur.html, 2014年8月15日閲覧］

(5)　ベルリン学校法§41による。

(6)　2004年11月27日、社会民主党党首ミュンテフェリンクは、保守派からの、多文化主義による統合は失敗したとの批判に対し、移民を政争に利用することの危険を訴えつつ、このように述べて事態の収拾を図った。Müntefering distanziert sich von Multikulti-Visionen der Grünen, in: Handelsblatt.com［http://www.handelsblatt.com/archiv/muentefering-distanziert-sich-von-multikulti-visionen-der-gruenen/2443116.html, 2014年8月15日閲覧］

(7)　交流情報センターTIOについては、以下のウェブサイトを参照。http://www.tioberlin.de/（2014年8月15日閲覧）

(8) マドンナについては、以下のウェブサイトを参照。http://www.neukoelln-jugend. de/redsys/index.php/component/content/article?id=377（2014年8月15日閲覧）

(9) Häussermann, Hartmut, „Die Entwicklung der Verkehrszellen im Bezirk Neukölln 2001-2006" und „Entwicklung der Quartiere in Neukölln im Vergleich zu anderen（Teil-）Bereichen der Stadt Berlin in den Jahren 2007 bis 2009" ［http://www.berlin.de/ba-neukoelln/derbezirk/neukoellner_gutachten.html, 2014年8月15日閲覧］

(10) ノイケルンを舞台とした映画『KNALLHART』（デートレフ・ブック監督、2006年）に対するコメント。以下のウェブサイトを参照。http://www.kinomachtschule .at/filme/knallhart.html（2014年8月15日閲覧）

(11) 青少年司法の家については、以下のウェブサイトを参照。http://www.lessinghoehe. net/jugendrechtshaus/articles/jugendrechtshaus.html（2014年8月15日閲覧）

(12) 市民相互支援については、以下のウェブサイトを参照。http://www.bhb-ev.de/ （2014年8月15日閲覧）

(13) 地域の母プロジェクトについては、以下のウェブサイトを参照。http://www. stadtteilmuetter.de/1-0-startseite.html（2014年8月15日閲覧）

(14) 国家全体の問題に関して各州の負担比率を決めるルール。税収（3分の2）と人口（3分の1）をもとに各州の分担割合が決められる。

第3章

マレーシアの「複合社会」と
移動する人々

マイグレーションとしての
外国人労働者・留学生に対峙する国民国家

杉村　美紀

はじめに

　国境を越えた人の移動が加速度的に活発になっている今日、言語や宗教など異なる文化を持つ人々が共に暮らすことと無縁である国はないと言っても過言ではない。それは、日本のように他国と比べれば比較的単一的な社会と言われる国にあっても今や無縁ではない。そこでは、文化的背景の異なる人々と、どのように共生するかということが問題になっている。他方、すでに国家のあり方として、もともと多文化社会であった国が、今日の人の国際移動の活発化に伴い、新たに多文化共生の問題に向き合っている事例もある。本章で取り上げるマレーシアは、英領植民地時代であった19世紀に、ゴムのプランテーションや錫鉱山の開発に伴ってインドや中国から多くの労働者が印僑や華僑として流入した歴史を持ち、戦後はマレー系、インド系、中国系、その他先住民など少数のマイノリティから成る多民族社会を基盤に国家形成を行ってきた。

　その意味では、マレーシア社会は、早くから今日でいう「外国人労働者」を受け入れ、それによって形成された多文化社会としての課題に向き合い、1957年の英国からの独立以降、国民国家としての国民統合と経済発展という二つの国家課題に取り組んできたということができる。特にそこでの教育政策は、マレー系優先政策を軸とすることで、特に中国系やインド系など非マレー系の頭脳流出問題も引き起こしながら展開されてきた。ところが、1990年代以降、国際化やグローバル化を迎える中で導入された教育政策は、新たな人の国際移動を引き起こすようになっている。それは、マレーシアの戦略によって引き起こされた人の国際移動とも言えるが、同時にそれによって生じている新たな社会文化摩擦の問題もあり、移動する人々を居住社会としてのマレーシアがどのように捉えようとしているかという観点については、他国・地域社会のマイグレーションを考える上でも興味深い事例である。

　しかも序章でも述べたように、今日のマイグレーションは、かつてのマイグレーションとは異なり、複数の地点を自在に移動する点で本質的に旧来のマイ

第3章　マレーシアの「複合社会」と移動する人々

グレーションとはその性質を異にする。本章では、多民族社会マレーシアに国際化やグローバル化の下で生じているトランスナショナル・マイグレーションをめぐる問題を、外国人労働者と留学生といういずれも自発的な移動をする人々に焦点を当て論じる。かれらがマレーシア側の政策によって「移動してきた」のと同時に、そこから生じている新たな社会文化変容の問題をめぐり、移動する人々に対応せざるを得なくなっており、それら二つの施策のせめぎあいのもとに政策が展開されている状況を描く。

第1節　「複合社会」を抱える国民国家マレーシア

　マレーシアの国家政策の特徴は、マレー系を地元に出自を持つ「土地の子（ブミプトラ）」と見なしてマレー系優先政策をとってきた点にある。そもそも政策の対象となる「マレー人」が憲法で定義づけられており、「マレー人」は、憲法でその意味が次のように規定されている。すなわち、「『マレー人』とは、イスラム教を信仰し、習慣上マレー語を話し、マレーの慣習を守り、かつ以下であるものを意味する。a）連邦あるいはシンガポールにおいて、ムルデカ・デー以前に出生し、あるいは両親のいずれかが連邦またはシンガポールで出生しており、あるいはムルデカ・デーにおいて連邦またはシンガポールに居住している；あるいは、b）以上の者の子孫である」（憲法第160条（2））というものである[1]。

　教育政策においても、言語の使用や信仰の自由を認めながらも、マレー語を国語（マレーシア語）（憲法第152条）に、マレー系の宗教であるイスラームを国の宗教（憲法第3条）として法的に規定し、徹底したマレー化政策をとってきた点に特徴がある。国民教育政策では、初等教育においてはインド系のあいだの共通語であるタミール語や中国系のあいだの華語（マンダリン）で学ぶ公立学校を認め、マレー語学校とともに並列させる三分岐型の学校体制をとっているものの、中等学校以上の公立校はマレー語だけを主要教授言語とし、いずれの学校でもイスラームまたはイスラーム的価値観に基づく道徳教育を義務

67

づけてきた。また、中等教育での修了資格試験は語学科目を除き、マレー語で試験が実施されている。

　さらに進学や就職においては、マレー系を優先するアファーマティブアクションがとられてきた。マレーシアの憲法では、「マレー人およびサバ州とサラワク州の先住民の特別な地位（special position）およびその他の種族の正当な利益等（legitimate interests）を守ることを、自己の責任とする」（憲法第153条）とし、特に、「公務員の職、奨学金、学校給費およびその他の教育上あるいは訓練上の特権、あるいは特別の施設などをマレー人およびサバ州とサラワク州の先住民に対して付与することを留保することを保障すること」（同153条）が明記されている。

　こうした政策のあり方に対し、非マレー系と言われるインド系や中国系は、政治的マイノリティとしての格差や不平等に関して不満を持ちつつも、その活路を経済活動に見出し、自分たちを「インド系マレーシア人」「中国系マレーシア人」と位置づけることで、政治や軍事を握るマレー系とのあいだに絶妙なバランスを保ちながら生活をしてきた。この結果、マレーシア社会は、かつてFurnivall（1939）[2] がオランダ領東インド会社を対象として評した「複合社会（plural society）」の様相を呈した。すなわち「一つの政治単位の中で隣り合わせに生活していながら、お互いに混じり合うことのない二つないしそれ以上の要素または社会秩序を内包するような社会」[3] として位置づけられ、各エスニック・グループがお互いに適度な距離感を保ちながら共存するモザイク状の社会を形成してきた。各エスニック・グループは、融合されることなく、しかしながらマレーシアという国家の枠組みにおいてバランスを保ってきたのであり、教育はそうした国民統合政策の要として、国語であるマレー語の普及や、国教であるイスラームないしイスラーム的価値観に基づく道徳教育の実施を通じ、多民族社会の融和を図る機能を果たしてきたのである。

第3章　マレーシアの「複合社会」と移動する人々

第2節　外国人労働者をめぐる問題

　しかしながら、今日ではこうした旧来の国民統合と国家経済の発展に、新たな戦略が付与され、そのためにエスニック・グループ間にこれまでになかった関係が生じている。その一つが、マレーシアの経済発展のために必要とされる外国人労働者の受け入れである。前述のように、元々マレーシアの多民族社会は、イギリス植民地時代にマレー半島に渡ってきた華僑や印僑といった外国人労働者の流入によって形成されたものであった。その意味では、外国人労働者の受け入れは今に始まったことではない。しかしながら、マレーシアにおける今日の外国人労働者が、旧来の華僑や印僑と決定的に異なるのは、その多岐にわたる出身地と、かれらの労働力なしにはすでにマレーシア経済が成り立たないと言われるほど、社会活動の中で重要な一角を占めていること、それにもかかわらず深刻化している社会的格差の問題である。

　マレーシアにおける外国人労働者の受け入れは、1970年代に始まっていた国境を接するフィリピンやインドネシア、タイからの労働者の流入に始まり、1980年代後半の工業化の進展とそれに伴う労働力不足に伴い、バングラデシュやタイ、ミャンマーといった周辺諸国からの受け入れへと展開した。熊谷（2014）は、「マレーシアは、もともと人口構成が若く、2013年時点で、65歳以上の人口は全人口の5.5％に過ぎず、生産年齢人口（15歳−64歳）が従属人口の2倍を超える『人口ボーナス期』にある」とし、「人口が土地面積や経済活動に対して過小であったため、（中略）1992年にマレーシア政府はそれまでプランテーションや建設現場、家事労働などに認められていた外国人労働者を製造業やサービス業にも広げ、本格的な外国人労働者の導入を進める。これ以降、マレーシアでは失業者数を外国人労働者数が大きく上回る状況が続く。これは、（中略）外国人労働者がいなければ労働需要を満たしきれないことを意味し、『超完全雇用』とでもいうべき状況である」と述べている[4]。

　Wong（2009）[5]によれば、マレーシアにおける外国人労働者に対する政府

69

の政策の展開は、1970年代から2000年代初めにかけてみると、大きく四つの展開に分類される。第1期は労働者が入り始めた1970年代から1980年代末までであり、「1968年移民法」により外国人労働者は労働許可なしに国内で働くことは認められないと規定されていたものの、実際には外国人労働者を正式に受け入れる制度がなかった。法的な労働者雇用制度が整い始めたのは1981年以降であり、インドネシア政府とのあいだの雇用制度が整ったのは1984年であった。しかしながら不法労働者の流れは加速する一方で、1985年から1989年のあいだに発給された労働許可証は約3万1,000件であったが、実際には55万人の労働者が流入したと推測されている。こうした事態を受け、1990年代前半の第2期には、外国人労働者の登録が制度化された。他方、旧来、条件が整えば取得可能であった永住権取得については厳格化されるようになった。1990年代半ば以降の第3期には、特にインドネシアなどを対象に外国人労働者の雇用体制が国内外で制度化された。他方、1997年に起きたアジア経済危機をきっかけに、外国人労働者の受け入れも大きな影響を受け、その後は外国人労働者を一時雇用者として受け入れる方向性がより明確になり、家族の帯同の禁止や、労働滞在ビザ期間の6年から3年への短縮、不法滞在や取り締まりの厳格化などが実施された。こうした取り締まりにもかかわらず、2002年に警察とインドネシア人繊維工場労働者とのあいだで起きた衝突事件を機に、2000年代に入ってからの第4期も引き続き不法滞在者の罰則規定の強化が図られた。その一方で、外国人労働者の雇用対象に、ベトナム、カザフスタン、トルクメニスタン、ウズベキスタンが加えられるようになり、その後は、旧来、外国人労働者の中心を占めていたインドネシア人のほかに、ネパール、ミャンマー、パキスタン出身の労働者が、新たに雇用協定が結ばれたことで一定の増加を示すようになっている（Wong 2009, pp.400-404）。

　マレーシアの今日における外国人労働者数は、約3,000万人あまりの人口に対して約210万人と言われるが、実際の不法滞在者を含めるとその数は定かではなく、約300万人と言われる説もあれば、600万人と見積もる見方もある。合法の外国人労働者に対して非合法の労働者が約2倍いると言われている[6]。こ

第3章　マレーシアの「複合社会」と移動する人々

うした外国人労働者は、製造業、建設業、プランテーション、サービス業、農業、家事労働などに従事しており、出身国は、外国人労働者の約4割を占めるインドネシアを筆頭に、ネパール、バングラデシュ、ミャンマー、インド、パキスタン、フィリピン、タイ、スリランカ、カンボジア、ベトナム、ラオスなどのアジア諸国が中心である。かれらの多くは、マレーシア人が好まない、いわゆる汚い、きつい、厳しい「3D（Dirty, Dangerous and Demanding、日本で言われる3K）」の仕事に従事している。こうした外国人労働者急増の背景には、東南アジア諸国連合（ASEAN）のなかで、ブルネイを除く1人当たりの国内総生産では、シンガポールに次ぐ新興国マレーシアでは、母国の4倍から5倍もの高額な給与が得られることから、出稼ぎ労働者が後を絶たないという事情がある。この背景には、送り出し国側の社会的事情も関連しており、最大の送り出し国であるインドネシアの場合には、インドネシア側の貧困と失業問題や政府の労働者保護政策の不備、無認可の斡旋業者の存在などが挙げられる。

　マレーシアの『第11次五か年計画』によれば、外国人労働者の比率は全人口の15%を超えないこと、すなわち210万人程度が目標として定められているものの、送り出し国とマレーシアのあいだにある賃金格差等が原因で、マレーシアへの労働者移入は増加傾向にある。一方、2016年2月には人材開発相がバングラデシュ政府とのあいだで、さらに今後3年間のあいだに同国より150万人の労働者をマレーシアに受け入れるという覚書を締結した。この背景には、労働力が不足しているという実態があるが、これに対して、マレーシア社会からは強い反対が示されている[7]。

　こうした外国人労働者の受け入れは、すでにインド系コミュニティの人数比率を超え、マレーシア社会の人口動態を変容させることが予測されている。現在のマレーシアのエスニック・グループの比率は、マレー人とサバ州・サラワク州の先住民を合わせたブミプトラが68.6%、中国系が23.4%、インド系7.0%、その他1.0%となっているが、これ以外にいわゆるマレーシア国籍以外の人々が10.3%いることになるためである。外国人労働者の増加は、今後も進むことが予測され、最も早い割合で年に8.9%の割合で増加した場合には、近

71

い将来、人数の点で第2位の中国系コミュニティや場合によってはブミプトラの数をも凌ぐことすら取りざたされている。特に中国系コミュニティは、出生率が1957年の7.4人から2015年には1.4人まで急激に減少しており、この結果、人口に占める割合は2010年には24.6%であったが2040年には18.4%にまで縮小すると予測されているだけに、人口比で逆転が起きる可能性が指摘されている[8]。

さらにマレーシア社会では、人口動態の変化とともに、特にマレーシアの国教であるイスラームとの関係からイスラーム関係者が容易に入りやすくなると、たとえばダーイシュ（自称「イスラム国（IS)」）の拠点化が進むといった政治や安全保障上の問題も取り沙汰されている。経済発展に必要な人材確保と、社会情勢の安定化のあいだでのバランスをどのようにとるかが深刻な問題となっている。

こうした状況に対し、熊谷（2014）は、マレーシア政府の施策として、外国人労働者の雇用にかかる税金の引き上げ、新規雇用の定期的な停止と再開、違法労働者の恩赦・合法化と送還が繰り返されていることを指摘している。また非熟練外国人労働者の受け入れは18歳から45歳に限られ、家族の同伴は認めないほか、労働許可を1年ごとに更新し最大5年までとするなど、「移民」として受け入れる姿勢をとっていないことも挙げている[9]。

マレーシア政府側が、一方では労働力の確保を重視しながらも、他方でこのように外国人労働者の処遇をめぐって敏感になるのは、実際、マレーシア社会で外国人労働者に対する偏見や差別に端を発する様々な社会問題が起きているためである。外国人労働者をめぐる問題は常に不法滞在者の問題と結びついて議論されてきた。外国人労働者は総じて社会経済的にも下層社会に位置づけられ、マレーシアの地元の人々にとって、外国人労働者の存在が職を奪うといった議論はあまりなかったが、地元の人々と外国人労働者のあいだでは偏見や差別の問題から、両者間の溝を巡る議論が繰り返されてきた[10]。

また外国人労働者の人権問題も報告されている。これは業者や雇い主による外国人労働者の搾取やメイドに対する虐待などで、特に非合法労働者に対する賃金の未払いやパスポートを取り上げられたうえでの強制労働などが問題視されている。

第3章　マレーシアの「複合社会」と移動する人々

第3節　留学生受け入れをめぐる問題

　自発的に移動するマイグレーションという観点から言えば、外国人労働者に対して、留学生もまた、この範疇で捉えられる存在である。送り出し国から受け入れ国へ、学位取得や知識技術の習得等を目的に移動する場合、留学終了後は再び母国に戻るというのが一般的であった。それに対し、途上国から先進国への移動という南側から北側への移動の場合には、学業にとどまらず新たな生活の場を求めて留学終了後もそのまま留学先国に残り就業するという例もみられ、それは途上国側にとっての頭脳流出問題にもなってきた。

　しかしながら今日の留学生移動は、各国政府がとる留学生政策によってその動向が大きく左右されるようになっている。政府は、より優秀な人材をいかに確保するか、また留学生移動の交流拠点となることで、国際社会でのプレゼンスをいかに高めるかという目標を設定しており、留学はきわめて戦略性の高い対外交流施策となっている。オーストラリアが留学生を「技術移民」という言葉で表現し、優秀な人材であれば修業後もそのままオーストラリアに残して人材として活用しようとしているのはその例である。また、留学生自身も、自らの進路や就業に対する考えに基づき、戦略的に留学先を選んでいるという実態がある。

　マレーシアについても例外ではない。前述のとおり、マレー化政策を軸に国家政策を進めてきたマレーシアは、高等教育においても教授言語をマレー語とした国民教育を行ってきた。ところが1990年代に入ると、マレーシアは高等教育政策を転換して多様化と民営化を軸とした高等教育の拡充に着手し、従来は国立大学を中心としていたのに対して私立教育機関の設立・運営を認めるようになった。こうした政策転換の背景には、1991年に始まった「新経済政策」ならびに同年発表された国家開発構想「ビジョン2020（Wawasan 2020）」で、西暦2020年までにマレーシアを先進国にするという国家目標が示され、国際社会における競争力強化を図るための人材育成がそれまで以上に強調されるようになったことが挙げられる。国立大学でとられていた民族別入学者比率制度

73

（クォータ制度）によってマレー系優先施策がとられ、中国系やインド系など非マレー人は海外に進路を求めてきた結果、マレーシアには長く頭脳流出問題があったが、国内の高等教育機関の拡充により、人材流出をくい止めようとすることも挙げられる。折しも1990年代に入り高等教育への進学需要が高まる中で、高等教育機関の民営化や法人化が進められ、その動きは1996年に「私立高等教育機関法」が制定されたことで加速した。

　こうした高等教育の多様化・民営化の動きは、国際化の動きとも連動している。新たに認可・設立された私立高等教育機関の多くは、マレー語ではなく英語を教授言語とすることで、海外の教育機関と連携して行うダブル・ディグリーやジョイント・ディグリー、海外の大学のプログラム等の提供を受けて行うフランチャイズ・プログラム、マレーシア国内での分校開設、ツイニング・プログラムを可能にした。さらには「3＋0」と呼ばれ、海外には行かなくとも、マレーシア国内のみの3年間のプログラム履修によって海外の学位が取れるシステム、遠隔教育やオンライン教育を通じたeラーニングなど、様々なトランスナショナル・プログラム[11]を積極的に導入した。この結果、今日では、かつて留学生送り出し大国であったマレーシアは、マレーシア人学生の国外留学の流れが減り、逆に外国人留学生の受け入れ国に転じた。マレーシア人学生の送り出しについては、1985年には、高等教育人口16万9,300人あまりのうち、約40％に当たる6万8,000人が海外に留学していたのに対し、1990年には約23万人のうち海外留学者が約31％に、1995年には36万7,000人あまりのうち約14％にまでその割合が減少している[12]。逆にマレーシアが受け入れた留学生は、2002年には約2万9,000人に、さらに2008年には約6万9,000人となり、2015年には約8万7,000人となっている[13]。

　マレーシアの留学生移動で特徴的なのは、受け入れ留学生の出身国である。1990年代から急増したマレーシアへの留学生は、初期のころは中国人留学生が全体の3割を占めていた。しかしながら、その後、2000年代に入ると徐々にその割合は変化し始めた。2013年の出身国学生を上位20か国まででみると、最も多いのがイラン、次いでインドネシア、中国、イラク、イエメン、ナイジ

第3章　マレーシアの「複合社会」と移動する人々

ェリア、リビア、バングラデシュ、パキスタン、タイ、ジョーダン、スーダ
ン、ソマリア、シンガポール、サウジアラビア、インド、パレスチナ、アフガ
ニスタン、ブルネイ、シリアとなっており、アジアの近隣国を除くと、中東諸
国、アフリカ諸国、南アジア諸国に偏っていることがわかる(14)。この背景に
は、中国が展開するようになった自国の高等教育の国際化に伴い、中国国内に
トランスナショナル・プログラムが登場し、中国からの留学生の流れが変化し
たことに加え、マレーシア側の戦略として、観光や貿易と結びついた形で中東
諸国との連携を深めるようになったこと、またアフリカ諸国とは国際支援とし
ての南南協力や人材育成支援を強化するようになったこと、さらに南アジアの
送り出し国については、地理的・宗教的な要因に加え、マレーシアと同じよう
に旧英領植民地であるという共通性もみられる(15)。

　実際にマレーシアの高等教育へのアクセスという点では、1990年代以降の
高等教育政策の変化により、留学生を惹きつける以下のような特徴がみられ
る。第1に、高等教育の英語を教授言語とするプログラムの導入を積極的に図
り、海外からマレーシアの教育プログラムにアクセスしやすいようにしてい
る。国民教育の枠組みから言えば、本来はこれまでのように国語であるマレー
語を教授用語とするべきところ、高等教育に限っては教授言語に英語を導入す
ることを認めるようになった。ここには、特に科学技術分野での教育のあり方
をめぐって、マレー語よりも英語でプログラムを展開した方が、それを教える
教員側が海外のプログラム経験者であり、教科書等の教材も海外で使われてい
る英語のものを利用した方が、最先端の技術やスキルにアクセスしやすいとい
うことが挙げられる。第2に、マレーシアはイスラームを国教としていること
から、イスラーム関係諸国と密接なつながりを持っており受け入れをしやすい
とともに、イスラームを信仰するムスリムの留学生からもマレーシアであれば
留学がしやすいという利点がある。なかにはイランのように、政治的理由から
他国では受け入れられにくい学生たちが、マレーシアであれば受け入れてもら
いやすいという事情がある。第3に、マレーシア社会が比較的安定しており、
生活費や学費など、留学にかかる費用負担が安く抑えられるという点もマレー

75

シア留学の利点である。こうしたマレーシア留学のプル要因は、マレーシアの高等教育機関の留学生受け入れ動機を明らかにした金子（2016）[16] が指摘するとおり、「低コストであることを最大の武器にして、欧米諸国の大学の学位や国際資格の取得も含めた質の高い教育や研究環境を提供することで、低所得国のより幅広い層を含めた学生に教育アクセスを提供している」（13–14頁）というマレーシアの戦略と言える。このように留学生移動の活発化は、受け入れ側と留学生双方のニーズがかみ合う形で進むものであるが、結果として様々な文化的背景を持った留学生がマレーシア社会に来ることは、社会の多様化を促進し、異文化理解という点で新たな可能性を生むことも期待される。このため今日の高等教育の国際化戦略では、西暦2020年までに20万人の留学生を受け入れるとしている[17]。

　しかしながら、社会の多様化は新たな文化摩擦や時に差別や偏見を生む可能性もある。この点は前述の外国人労働者とまったく同様である。急増する留学生受け入れの中でも、中国人留学生と中国系マレーシア人、あるいは中東諸国からのイスラーム教徒と同じムスリムであるマレー系のあいだでは、言語や宗教が同じでありながら、考え方や価値観・習慣の違いがあり、相互のあいだでの「異文化理解」が時に課題となっている[18]。ここからは、固定化された「中華文化」「イスラーム文化」という括りで捉えがちな見方では、それぞれの実態を捉えることができず、それぞれの文化が決して一枚岩ではないことや、移動する人々が持っているコンテクストに即した構築主義的な文化理解が必要であることが示唆される。

　また近年のアフリカからの留学生の増加は、これまでになかった新たな異文化摩擦への対応を迫られている。「複合社会」の中で多様な言語や宗教とともに生活しているマレーシア人であるが、実際のキャンパスでの様子をみると、アフリカ人コミュニティとのあいだの交流が少なく、逆にアフリカ人学生も地元マレーシア人の学生やコミュニティとは交わろうとしない。アフリカ人学生も決して一様ではなく、文化的背景の異なる様々な出身地のアフリカ人同士のあいだにも、様々な多様性がみられる。移動する人々が運ぶ様々な文化的背景

第3章　マレーシアの「複合社会」と移動する人々

は、それ自体がコミュニティを豊かなものにする可能性もある一方で、新たな文化摩擦も生じさせるのである[19]。

　さらに、留学生のマレーシア留学に対する思惑も様々である。マレーシア政府の側から考えれば、留学生は外国人労働者と同様に国家発展を支える人材である。かつてのように送り出し国と受け入れ国の二国間関係を中心とする留学交流の場合には、留学生は両国間の架け橋としての役割も果たしてきた。しかしながら、今日、マレーシアに留学している学生は、必ずしもマレーシア社会との繋がりを求めているわけではない。かれらの中には、マレーシアでの学びを通じて知識や技術を習得しようとする者もある一方で、マレーシアは英語を習得し、それを武器にまた第三国へ留学する上での通過点であるという捉え方をしている学生もいる。かれらにとってマレーシア留学はまさに国際移動の中の「トランジット・ポイント」なのである[20]。こうした考えを持つ留学生は、その時々で学びの場や自分の「居場所」を探りながら、より良い仕事や教育を求めて移動するトランス・マイグラントである。そこでの国際移動は、一方で国民国家を支える人材育成を図ろうとするマレーシア政府の戦略がある中で、留学生が個々人の判断で選びとる移動である[21]。

おわりに：「複合社会」を抱える国民国家の重層性

　マレーシアにおける外国人労働者や留学生という自発的なマイグレーションの動きには、ある国民国家が国家の枠組を維持するために国家課題を克服しようとするベクトルと、社会のグローバル化や国際化の流れも考慮しながら政策を遂行しようとするベクトルのせめぎあいをみることができる。マレーシアの場合、英領植民地時代に形成された「複合社会」の特徴を残しながら、国民統合と経済発展という二つの課題実現を、マレー化政策の下に推し進めようとしてきた。そこでは国民教育政策が、国語と国教を基に、マレー系、中国系、インド系、その他先住民等を束ねて「マレーシア人」として育成する推進役となってきた。西川（2009）[22]は、「生活の流動性やアイデンティティの重層性

77

は、国民国家形成の当初からすでに予感され部分的に実現されていたことを忘れてはならないはならないだろう。（中略）世界システムの中で国家間システムの一環として形成される国民国家は、国境によって国を閉ざす一方で、世界との交流を余儀なくされている。国民性や国民文化論によって代表される国民統合のイデオロギーは、そうした地域や住民の多様性と移動の実態を覆い隠す役割を果たしていたのである」（383-384頁）と述べている。言わば、マレーシア社会はそもそも重層的な「複合社会」であり、それは今も変わっていないにもかかわらず、独立以後の国家形成過程のなかで「マレーシア人」という国民性を軸に、多様性を可能な限り目立たせようにしながら国民統合を進めてきたといえる。

　そうした中で、今日では経済発展のための人材確保という目的のもとに、外国人労働者ならびに留学生を受け入れ、そのことがマレーシア社会の重層性を一層複雑にしている。マレーシア政府は、かつて同じように外国人労働者としてマレーシア社会に移り住み、現在はマレーシア国籍を持つようになっている中国系やインド系の人々と、今日、マレーシアを訪れる外国人労働者を明確に区別し、現在、近隣のアジア諸国等から来る外国人労働者に対してはあくまでも絶対的に不足している人材の補塡という意味で受け入れている。その急増ぶりは、時に元々のマレーシア社会のエスニック・グループ間の比率を覆すほどであり、外国人労働者の存在は一定程度抑制しなければならない状況にある。

　また留学生についても、マレーシア政府は留学生を戦略的に受け入れている。それは教育政策であると同時に、政治的経済的理由に基づいた対外文化政策である。しかしながら留学生の数の伸長とともに、近隣の国に加え、アフリカや中東、南アジアから留学生が持ち込む多様性が、新たな文化摩擦を生んでいる。

　このように考えると、マレーシアの現在の状況は、旧来以上に多様化が進んでいる一方で、「複合社会」としての特徴がさらに複雑化し、元々あった「複合社会」に、新たなニューカマーの流入によるもうひとつの「複合社会」が形成されている。いわば二重の「複合社会」が登場しているのである。こうした現象は、西川（2001）が指摘するように、「一方でナショナリズムを煽りたて

第3章　マレーシアの「複合社会」と移動する人々

ながら他方でグローバル化を推進するというのは、政治的経済的危機に直面した国民国家の政府がとる常套手段である」（385頁）ということの一つの帰結であり、「グローバリゼーションの大きな欺瞞の一つは、（中略）世界の不平等と断片化が進められていることだろう。それはかつて『国民』化の名のもとに、国民の均質化と平等ではなく、階層化と差別が進められたことを思わせる」（同上、393頁）という見方につながる。すなわち、かつての「複合社会」がマレー系、中国系、インド系、先住民のあいだに階層化と差別を進めたのに対し、今日の「複合社会」は、マレーシア国民に対して外国人労働者や留学生とのあいだの不平等と断片化を進めている。グローバル化のもとでのマレーシアが、経済発展のために必要な人材確保を図りながらも、それによって進む社会の多様化と共生をめぐる課題の解決にジレンマを抱えているのは、複雑化する二重の「複合社会」構造があるためであり、それはマレーシアにとって国民国家としての今後のあり方を考える上で避けて通れない課題である。

注

(1) マレーシア連邦憲法の訳文は、鳥居高・竹下秀邦（1996）「マレーシア連邦憲法：解説と翻訳」『重点領域研究総合的地域研究成果報告書シリーズ：総合的地域研究の手法確立：世界と地域の共存のパラダイムを求めて』24巻、京都大学、26-160頁（http://hdl.handle.net/2433/187624, 最終閲覧日：2017年7月3日）の訳文を参照した。

(2) Furnivall, J.S. (1939) *Netherlands India: A Study of Plural Economy*, London, Cambridge University Press.

(3) Wong, Fraincis Hoy Kee and Gwee Yee Hean (1980) *Official Reports on Education: Straits Settlements and the Federated Malay States 1870-1939*, Pan Pacific Book Distributors, Pte. Ltd.

(4) 熊谷聡（2014）「マレーシアの外国人労働者」ジェトロ・アジア経済研究所『海外研究員レポート』2頁。（http://www.ide.go.jp/library/Japanese/Publish/Download/Overseas_report/pdf/1407_kumagai.pdf, 最終閲覧日：2017年7月4日）。

(5) Wong, Diana (2009) "Malaysia's New Migrants: Problems of Incorporation and Management" in Lim Teck Ghee, Alberto Gomes and Azly Rahman (eds.)

Multiethnic Malaysia: Past, Present and Future, Petaling Jaya, Strategic Information and Research Development Centre and MiDA@UCSI University, pp.391-406.

⑹ Pook Ah Lek "The dilemma of having foreign workers in Malaysia" *Sin Chew Daily*, Malaysia, September 17, 2016.（http://www.straitstimes.com/opinion/the-dilemma-of-having-foreign-workers-in-malaysia, 最終閲覧日：2017年7月2日）

⑺ 注6と同じ。

⑻ Wong, Chun Wai "Rising number of foreign workers in Malaysia - a worrying statistic: The Star columnist" *The Star*, October 10, 2016.（http://www.straitstimes.com/asia/se-asia/should-we-think-about-malaysia-the-star-columnist, 最終閲覧日：2017年7月3日）

⑼ 熊谷聡（2014）前掲文献、2頁および4-5頁。

⑽ Ramasamy, P.（2004）"International Migration and Conflict: Foreign Labour in Malaysia" in Anata, Aris and Evi Nurvidya Arifin（eds.）*International Migration in Southeast Asia*, Singapore Institute of Southeast Asian Studies, pp.273-295.

⑾ トランスナショナル高等教育の分類については、杉本均（編）（2014）『トランスナショナル高等教育の国際比較：留学概念の転換』東信堂に詳しい。

⑿ Lee, Molly N.N. and Chan Lean Heng（2002）"Lifelong Learning in Malaysi: Discourse, Practice and Limitations", in Molly, N.N. Lee, *Educational Change in Malaysia*, Penang, School of Educational Studies, Universiti Sains Malaysia, pp.93-104.

⒀ Tham Siew Yean（2013）"Private Higher Education Institutions" in Tham Siew Yean（ed.）*Internationalizing Higher Education in Malaysia: Understanding, Practices and Challenges*, Singapore, Institute of Southeast Asian Studies, p.80.

⒁ Ministry of Higher Education Malaysia（2013）*National Education Statistic: Higher Education Sector*, pp.38-39.

⒂ 杉村美紀（2012）「マレーシア：国際学生移動のトランジット・ポイント」北村友人・杉村美紀（編）『激動するアジアの大学改革：グローバル人材を育成するために』上智大学出版、99-114頁。

⒃ 金子聖子（2016）「新興国マレーシアにおける高等教育機関の留学生受入れ動機：留学生および大学教職員の視点に着目して」日本比較教育学会（編）『比較教育学研究』54号、3-23頁。

⒄ Ministry of Higher Education Malaysia（2011）*Internationalisation Policy for Higher Education Malaysia 2011*, p.7.

第3章　マレーシアの「複合社会」と移動する人々

(18) 杉村美紀（2012）前掲、112頁。

(19) 杉村美紀（2017）「グローバル化とトランスナショナル教育：マレーシアにおける高等教育の新たな展開」石井香世子（編）『国際社会学入門』ナカニシヤ出版、57-66頁。

(20) 杉村美紀（2010）「高等教育の国際化と留学生移動の変容：マレーシアにおける留学生移動のトランジット化」『上智大学教育学論集』第44号、37-50頁。

(21) 杉村美紀（2010）「アジアにおける国家・個人の留学戦略と多様化する留学生移動」愛知大学現代中国学会（編）『中国21』Vol.33、33-54頁。

(22) 西川長夫（2001）『国境の越え方：国民国家論序説』平凡社、383-384頁。

第4章

フランスにおける
外国籍児童生徒と移民の子ども

学業達成と職業参入にみる課題

フランソワーズ・ウヴラール
（Françoise Œuvrard）

園山 大祐

はじめに

　本章では、フランスにおける外国籍および移民の子どもの教育と職業参入について、フランス人との比較を試みたい。はじめに外国籍、移民の推移をみた上で、学校段階の状況を概観し、次に学業状況について考察し、最後に職業参入における差別問題について述べる。

第1節　移民とは

　フランスにおける移民の入国は古く、20世紀初頭にはフランス本土の居住者数は100万人に達している。1954年に230万人に達し、1990年に420万人になる。1990年代の安定期を経て、1999年よりまた増加傾向になる。

　2014年現在、フランスには外国生まれが11.6％（760万人）おり、8.9％（590万人）が移民と呼ばれ、6.4％（420万人）が外国籍者である（図4.1）。この移民のうち、360万人（61％）が外国籍のままで、230万人（39％）がフランス国籍取得者である。外国人とは、外国籍者のことであり、外国籍を持つ2人の親からフランスで生まれた人（ただし、両親がフランス生まれでないこと）を指し、かれらはフランスに居住している場合、18歳時にフランス国籍（多重国籍可）を取得することができる。移民とは、外国で生まれフランスに居住している人のことを指す。この定義は、1991年に統合高等審議会（HCI）によって定められ、出生した場所と国籍がポイントとなる。多くの調査は移民2世以降に注目し、かれらはフランスに生まれ、居住し、少なくとも一方の親が移民である。2015年現在、こうした移民の子孫は730万人（11％）いる（Insee 2017）。

　近年フランス入国者数を毎年20万人と推定し、これらには、EU加盟国出身者、移民の家族呼び寄せ、就労による入国、学生、庇護申請者も含まれる。

　2006年より、選択的移民政策として一部の分野（ホテル・レストラン業、建築・公共土木事業部門、営業人、清掃人、季節労働者）に限定ではあるが新

第4章　フランスにおける外国籍児童生徒と移民の子ども

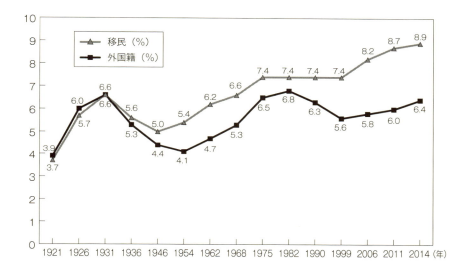

図4.1　外国籍と移民の推移（1921〜2014年）

注：フランス本土の総人口に対する比率。
出典：Insee, *recensements de la population* (http://www.insee.fr/fr/themes/tableau.asp?reg_id=0&ref_id=NATTEF 02131) と Tableaux de l'économie française, 2017, p.37 を基に作成。

規の外国人労働者の受け入れが始まった。

しかし、1970年代半ばまでの移民は、男性中心であった。かれらは戦後の復興のための建設業を中心とする労働者の呼び寄せによってフランスに来た人であり、その後の経済発展に必要とされた人々である。1974年以降、非熟練労働者の受け入れを停止し、代わりに家族呼び寄せによる移民が中心となる。このころより教育統計においても外国籍児童生徒数がみられるようになる。

そのため移民の数は増え（1954年に総人口の5%であった）、かつて単身であったものが家族移民となり、出身地域も多様になった。

ヨーロッパ系移民は、1975年に3分の2を占めていたが、1990年に半分、2013年には37%にまで減少している。代わりに44%の移民がアフリカ生まれである。うち4分の3はマグレブ諸国（アルジェリア、モロッコ、チュニジ

85

ア）で、13％がセネガル、マリ、コートジボワール、カメルーンあるいはコンゴからである。また14％はアジア系である。うち32％がトルコから、21％はインドシナ半島から、そして10％が中国からとなっている。

　最終的にフランスでは、国民の約2割（1,320万人）が移民の出自を持つとされている。そして、40歳未満が3分の2を占める（Insee 2012, 2016, 2017 より）。

第2節　外国籍および移民の子ども

　まず、フランスにおいては、市町村は居住者のうち就学年齢にあるすべての子どもを在籍登録する義務を負っている（「非正規滞在者」など非合法な入国者に対しても同じである）。外国籍児童生徒の割合は、5〜6％である。この数値は、政府の入国管理政策に影響を受ける。先に述べたように、成人移民同様に、近年ではヨーロッパよりアフリカ出身者が多くなっている。最も多い出身国は、モロッコ、ポルトガル、トルコの順である。

　こうした生徒は、外国人なのか移民なのか。フランス国民教育省における統計においては、外国籍であるか、フランス国籍であるかということしか識別できない。したがって、外国にルーツを持つ生徒に関する情報を持ち合わせてはいない。つまり、フランス国籍児童生徒のうち移民の親を持つような生徒である。唯一の手がかりは、無作為抽出による標本調査（「パネル調査」）においてのみ明らかとなる。近年、様々な組合団体、あるいは政治団体からの強い抵抗もあり、生徒のカルテ（fichage）の作成や、出身地や、肌の色、宗教的出自等に関する、より一般的には「エスニシティ」に関する統計の収集については、強い反発が起きた。国民教育省によれば、中学入学者の約18％が移民とされている（表4.1）。

　外国籍および移民の子どもは、非富裕層出身者が多く、両親の多くは労働者あるいは小売店のサービス業従事者である。また多くの場合、家族構成では、きょうだいの数が多く、特にサブサハラアフリカ系移民にその傾向が強い。同

第4章　フランスにおける外国籍児童生徒と移民の子ども

表4.1　中学1年生の出身地別移民の割合

出身地	割合（%）
非移民家族	81.7
混血家族	7.5
移民家族	10.8
内訳	
アルジェリア	1.6
モロッコ	1.8
チュニジア	0.5
サブサハラ	2.1
トルコ	1.0
中国、東南アジア	0.6
ポルトガル	0.9
他のヨーロッパ諸国	1.0
それ以外	1.3
全体	100

注：フランス本土および海外県。
出典：DEPP、2007年度中学入学者に関するパネル調査（Enquête Famille）。

時にひとり親世帯も多いのが特徴である。平均的に両親の学歴は低いとはい
え、出身地域によって幅もある。たとえば、アルジェリア系では、1990年以
前に来仏した人々と比べると90年代以降の人々は遥かに高い文化的背景を持
つ。

　フランス本土における外国籍児童生徒の分布にはばらつきがある（図4.2）。
1%前後の割合では、ブルターニュ地方（ナント、レンヌ）および北部フラン
ス（カーン、リール）の大学区に多い。より集中しているのは、イル・ド・フ
ランス地方（パリ6.7、クレテイユ北部11.1）や、コルシカ南部6.4である。さ
らに、こうした集中は、特定の地域、つまり校区においては、外国籍児童生徒
が総生徒数の半数以上を占めることもある。

　くわえて、学校種によって外国籍児童生徒の集中がみられる。普通課程やエ
リートコースよりも、職業高校（4.4%）に多い。したがって、一般的に外国籍
児童生徒の義務教育後の通学年数は短い。

87

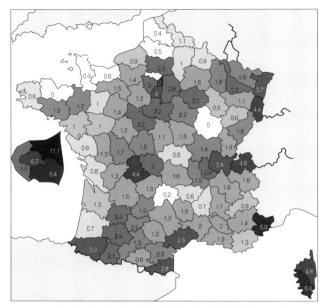

図4.2　フランス本土における外国籍児童生徒（%）

出典：フランス国民教育省統計局（DEPP）。

第3節　外国籍児童生徒または新規入国者の受け入れ体制

　フランスには、非フランス語話者の特別学級がある。かれらは、来仏1年未満であり、フランス語の能力が不十分と診断され、あるいは教育経験に乏しいため、原学級への適応期間が必要と判断された者である。その多くはアフリカ出身である。

　2014年度において、約5万2,500人が初等・中等教育に受け入れられた。内訳は小学校に2万5,500人、中学校に2万2,300人、高校に4,700人（その大多数は職業高校）である。小学生の約5‰、中高校生の4‰に相当する。

　フランス本土では、外国籍児童生徒は5地方に集中している。国境沿いの地方や、工場地帯に関係するため、3分の1はイル・ド・フランス（パリ、ヴェ

第4章　フランスにおける外国籍児童生徒と移民の子ども

ルサイユ、クレテイユ）に、南仏に13%（エックス・マルセイユ、ニース、モンペリエ）、リヨンに13%（リヨン、グルノーブル）、そしてアルザス・ロレーヌの7%（ストラスブール、ナンシー・メス）である。海外県では、フランス領ギアナのみで海外県の外国籍児童生徒の3分の2を占める。

　かれらは、年度の始めから終わりまで1年中切れ目なくやってくる。小中高校のいずれの年齢の児童生徒も、原学級との二重登録となっている。原学級については、年齢相応の学年から1〜2年内の範囲で留年が認められている。そして原学級において一部の教科（体育、美術、音楽、場合によっては数学（算数）など）を受けることになる。また特殊な学科や学級（小学校では、学業困難な児童向けの特殊学級、中学以降では職業系のコースや学級のこと）に登録することも可能である。

　小学校では、非フランス語話者の79%は、一時期あるいは1年間の特別な教育支援を受けている。「入門学級」（CLIN）[1]と呼ばれるフランス語の教育に重点が置かれた学級が用意されている。こうした学級には、多くが1年を超えない範囲で学んでいるが、在籍期間には個人差がある。入門学級の目的はできるだけスムーズに、そして段階的に原学級において学ぶことにある。過疎地域（僻地）などにおいてはより柔軟な制度を導入し、「統合補習講座」（CRI）などもある。統合補習講座とは、フランス語が不十分な生徒は週に数時間だけ集められ、複数の学校を掛け持つ専門の教員によるフランス語の補習が受けられる。

　中学と高校では、同じような「受入学級」（CLA）もあれば、「一時的なモジュール授業」（MAT）、あるいはチーム・ティーチングによる補助などが考えらえる。中高生の約9割がこれらの授業の恩恵に与っている。しかし、たとえば二つの大学区では非フランス語話者の70%強しかこうした受け入れ体制を用意できていない（リモージュ、グアドループ）。他方、九つの大学区（ランス、グルノーブル、リール、リヨン、ニースなど）では90%以上の生徒に対し受け入れ体制を整備している。パリとレユニオンでは100%近くの生徒が受けている[2]。

　こうした体制の不備の原因の一つは、かれらの来仏時期が定まらず、教員の

89

表4.2　外国籍児童生徒の変遷（2005/06 〜 2014/15年度）（単位：1,000人）

年度	2005/06	2006/07	2007/08	2008/09	2009/10	2010/11	2011/12	2012/13	2013/14	2014/15
小学生数	19.0	17.6	17.3	17.0	17.3	18.5	19.0	20.8	21.6	24.0
中学生数	17.1	16.2	14.9	14.8	15.4	16.2	17.1	19.1	19.1	21.0
高校生数	3.2	3.3	2.7	3.0	3.0	3.4	3.9	4.5	4.6	4.6
外国籍児童生徒数（計）	**39.3**	**37.0**	**34.9**	**34.7**	**35.7**	**38.1**	**40.0**	**44.4**	**45.3**	**49.6**
小学校生徒数	4,013.2	4,065.7	4,094.0	4,108.2	4,114.3	4,125.1	4,112.6	4,127.4	4,161.9	4,165.7
中等教育段階生徒数	5,485.4	5,418.0	5,371.4	5,339.7	5,331.7	5,353.2	5,384.5	5,388.3	5,422.0	5,497.2
総生徒数 （計）	9,498.8	9,483.7	9,465.4	9,448.0	9,446.0	9,478.4	9,497.1	9,515.7	9,583.9	9,662.8
外国籍児童生徒率（‰）	4.1	3.9	3.7	3.7	3.9	4.0	4.2	4.7	4.7	5.1

注：フランス本土と海外県の公私立、2013年度からはマイヨット島を含む。
出典：DEPP, *Repères et références statistiques sur les enseignements, la formation et la recherche*, 2014, p.29, ibid., 2016, pp.13, 23, 89.

配置が予測しにくいことによる。こうした不備によるマイナスは重く、場合によっては、在籍登録に時間がかかり、不登校を誘発しかねない[3]。

　また、外国籍児童生徒の出身言語と文化の教育（ELCO）も施されている。これは、かれらのフランスの学校への適応をしやすくするためであり、同時に出身地域に戻る場合の準備として位置づけられている。出身言語と文化の教員は、一般的に二国間協定に基づいて派遣され、給与も出身国から支払われ、フランスの正規時間外において実施されている。そのため、フランスの教職員との交流が十分に図られていないこともしばしば批判されている。したがって、校長には学校活動へのより積極的な位置づけが求められている。

　そのほか、都市政策における事業もみられる。この場合は、移民あるいは外国人が対象というよりは、ある特定の地域における経済的に厳しい家庭や、学業困難にある児童生徒を対象とした事業となっている。たとえば、パリ郊外のジュンヌビリエ市の「学業成功計画」（PRE）がその代表である。2歳から16歳の児童生徒とその家族の健康、文化、余暇、学業などを対象としている。具体的な取り組みとして小学生の読み書き表現活動に対して、小グループによる学習支援が施される。また親の集会に心理士や幼児の専門家によるカウンセリングや講習会が実施されている[4]。

90

第4章　フランスにおける外国籍児童生徒と移民の子ども

第4節　学力と学業達成

　いずれの国内外の学力調査においても、移民の子どもたちの学業成績は困難を極め、平均を大きく下回る結果となる。

　たとえば、OECDのPISA調査においてフランスは、フランス国籍の生徒よりも移民の背景を持つ生徒の成績は低い。またOECDの他の諸国と比較しても、フランスの不平等ははっきりとみられ、ホスト国と移民の成績格差が最も開いている国の一つとされている。

　より具体的には、PISA調査に参加した生徒の13%が移民の背景を持つが、その第1世代はしばしば読解リテラシーに問題がある。それでも第1世代と第2世代では、格差が縮まる傾向にある。こうした移民の背景を持つ生徒の学業成績の不振については、マスメディアにおいてもしばしば取り上げられ、また選挙前などでは、こうした移民生徒に対する負のイメージとして広まる傾向がある。

　はたして、本当に移民の子どもらは全体のレベルを下げているのだろうか。国際的な学力調査におけるフランスの不振は、移民の低い教育成績によるとされている。しかし、社会学者のボードロとエスタブレ（Baudelot et Establet）のPISA調査を基にした分析によると、移民の子どもたちは全体の成績を下げる要因とはなっていない。むしろ、フランス的統合（「フランス的るつぼ」）の限界を示しているとする。つまり、フランスの学校は機会の平等を保障することができず、移民と同様に多くの非富裕層において学業困難がみられる。移民の比率は、その国の平均得点、学業不振の比率、エリート率あるいは移民と国民全体の格差を左右するものではないとしている。そのことは同時に、非移民系の成功は、移民系の成功をも導く結果を意味するとしている。したがって、教育制度の効率性全般の問題であり、さらには地理的な隔離の問題でもある。ボードロとエスタブレは、次のように結論づけている。「移民の子どもを学業不振へと向かわせる必然性はない」[5]。かれらの成功は、かれら

の総人口に占める割合とは無関係に変化する。

　では、どのように移民系の生徒は学業不振に陥るのだろうか。特に問題なのが、進路指導であろう。ここでは職業系へ導かれる要因について触れておきたい。

　移民系の生徒たちは、初等教育段階ですでに学習困難に陥っており、約4割の中学入学者が留年を経験している。両親がフランス国籍を持つ生徒の場合では、2割以下となる。

　そして高校入学における進路指導において職業高校への進学率が高い。これは、学校教員の慣習として、低学力層には、職業高校への進路を誘導する傾向があることに起因する。しかし、本人や保護者の希望とは一致していない。たとえば、フランス国籍の労働者家庭出身の中学3年生では26%が進路結果を拒否しているのに対し、マグレブ出身の親を持つ同じ労働者家庭出身の生徒は39%が拒否している（1995年のパネル調査結果より）。つまり、進路指導は、移民の生徒やその親にとっては多くの場合、服従であり、不公正なものとして認識されている。特に移民の生徒やその両親の場合には、教育のアスピレーションがより高いとされているだけに不公正感が現れやすい。一般的に、移住してくる者は社会上昇欲がより高く、そのような計画は親のみならず、子ども自身も強く持っている。そしてフランス人とは異なり、移民の場合、親自身は学校経験に乏しいため、学業失敗の経験を受けていないことが多く、学校に対するイメージも良く、期待感もある。そのため、フランスの教育制度に対してよりポジティブな姿勢や態度を示す。

　移民の親の教育願望も、非移民より強い。学校に対する期待も高い。しかし、こうした高期待と学業不振という結果のずれは、より多くの悔しさ、欲求不満あるいは失望を生む。これらは、不登校や暴力（進路判定会議前後に暴力事件のピークを迎える）にすら発展しかねない。そのため、一部の生徒はこうした進路指導の結果を不公正あるいは差別と感じる。

　TeO（移民の経路と出自に関する全国調査）調査では、中学および高校における進路指導に対する不公正あるいは差別感情が芽生えたかどうかについて調

第4章　フランスにおける外国籍児童生徒と移民の子ども

表4.3　出身・性別による中学修了書以後の資格未取得者の割合（20〜35歳）（%）

	男性	女性	計
非移民、非移民の子ども	12	10	11
移民の子ども	20	16	18
スペインまたはイタリア	15	13	14
ポルトガル	18	12	15
その他EU加盟国	12	13	12
アルジェリア	25	23	24
モロッコまたはチュニジア	26	14	20
サブサハラ	25	19	22
トルコ	31	33	32
東南アジア	15	11	13
その他	10	13	11
合計	14	11	12

出典：Enquête Trajectoires et Origines 2008, INED-INSEE, *DOCUMENTS DE TRAVAIL*, No.168, 2010.

表4.4　移民系と非移民系の出身・性別による高等教育進学率（18〜35歳）（%）

親の出身県または国	男性	女性	計
海外県（DOM）	39	55	46
アルジェリア	37	44	41
モロッコまたはチュニジア	44	55	50
サブサハラ	33	51	41
ギニアアフリカまたは中央アフリカ	42	55	49
東南アジア	57.5	68	62
トルコ	22	28	25
ポルトガル	30	60.5	43
スペインまたはイタリア	43	56	49
その他EU加盟国	68	74	71
その他	53	75	62
移民第2世代	41	55	48
全く移住を経験していない人	48	58	53
フランス本土総人口	47	58	52

出典：Enquête Trajectoires et Origines 2008, INED-INSEE, *DOCUMENTS DE TRAVAIL*, No.168, 2010.

表4.5 出身別の資格取得率（%）
（1995年度の中学1年入学者におけるパネル調査より）

	無資格	有資格	うち:	Brevetのみ	職業資格	バカロレア
フランス人	7.2	92.8		5.6	18.6	68.6
移民（小計）	18.2	81.7		7.5	16.6	57.6
南欧	15.5	84.5		10.0	19.2	55.3
マグレブ諸国	18.5	81.5		6.5	16.7	58.4
全体	8.7	91.3		5.9	18.0	67.4

出典：Brinbaum, Y. et Kieffer, A. (2009) « Les scolarités des enfants d'immigrés de la sixième au baccalauréat: différenciation et polarisation des parcours » *Population*, vol. 64, n° 3, pp. 561-610.

査している。こうした感情は、性別および親の出身地によって異なる。出身地の差異の一部が、社会背景および家族背景を考慮するとなくなるが、すべてではない。不公正についてはある特定のグループにのみ現れ、差別感情は特定の出身地にみられる。「こうした経験は、学校生活に影響を与え、その後の労働市場へのアクセスにおいてインパクトを与える」[6]。

　最後に、移民の生徒は、中等教育におけるいずれの資格も取得できず（無資格あるいは中学修了免状のみ）に退学していく危険がフランス人の親を持つ生徒の2倍以上ある。こうした低学歴による退学者は、多くは低学力によるものである[7]。

　とはいえ、こうした退学していく若者を追跡したある社会学者によれば、社会的な要因と家庭環境が中途退学に大きく左右していると述べている。彼女は、「一般教科における低学力と重度な社会的な困難さの組み合わせによる。つまり、家庭を支えるために働かざるを得ない環境であったり、窮屈な、あるいは脆弱な住宅事情であったり、保護者からの孤立状態など、滞在許可証の取得あるいは延期といった生徒の正規滞在化の手続きの有無は、その生徒の学業継続の有無を左右する。多くの子どもは、自身で生活を営み、かれらの生活状況においては、学習に関心がなくなることとは無関係に、勤勉さという価値観を尊重し続けることがきわめて難しい」と述べている[8]。

第4章　フランスにおける外国籍児童生徒と移民の子ども

第5節　職業参入

　同一資格水準における移民の若者の失業率は高い。フランスにおける移民の若者の労働市場への参入は、困難を極めている。特にマグレブあるいはサブサハラ出身者の場合に言える。しかし、それはかれらの学習の困難さや低い資格のみによって説明できない。

　いずれの出身地においても学歴の上昇に応じて失業の危険度は下がる。しかし、同一資格、同一の訓練経験において、北アフリカ出身者はより多く失業にあっている。これは若者自身が感じている就労差別に値する。

　移民の失業率（18.1%、2015年）は、フランス人の9.5ポイント差（8.6%）である（Insee 2016, p.166）。このような結果は、移民の資格あるいは職種における不安定さという説明だけではこの差を説明できない。こうした差は、より高い資格取得者において起きている。たとえば、高等教育の最終学歴を持つ移民の失業率は、同じフランス人の2倍である。ちなみに、非EU加盟国出身の場合、失業率は20.7%と最も高い数値となり、EU加盟国出身は9.3%と平均の9.9%より低い結果となっている。

　それでは、本当に就労差別があるのだろうか。初期雇用における最終学歴の持つ影響は大きい。とはいえ、38%のアフリカ系移民が就職差別を受けたと感じている。「女性よりも男性において、姓、そして肌の色は、多くの場合差別の最大要因とされている。アフリカ系の男性の28%、女性の20%がこれらを理由に差別を受けたと感じている。その次に住所が挙げられている。このことは、たとえ職種によって多少の変化がみられても、いずれの最終資格を持つ人、いかなる就職活動を経由した場合にも当てはまる[9]。

　TeO調査は、別の角度から同じ結論を導き出している。マグレブ移民は、男女ともに、同一条件のもとではフランス人の両親のもと、フランスに生まれたフランス人より、あるいは南ヨーロッパ出身者よりも失業に遭う危険性は高くなる。またムールとパイエ（Meurs et Pailhé 2010）によれば、就職におい

95

てマグレブ移民はより乗り越えないとならない障壁が多いと述べている[10]。こうした差は、資格による違い、あるいは地理的な労働市場における不平等に帰することはできない。かれらは、「出身に関連した特殊な作用が加えられている」と言う。

おわりに

　以上にみてきたように、フランスにおける外国籍児童生徒および移民の生徒の学業達成および学力には課題が多い。加えてそこには職業参入、就労差別における厳しさも存在する。先述したようにエスニシティ間の差異については限られた調査しか存在しないが、「単一不可分な共和国」の理想と現実には相当なずれがみられる。こうした違いは、日々の教育活動や進路指導あるいは、保護者における意図しない差別（アスピレーションの違い）がもとになり、移民系の生徒が学業上低いとされる職業系に追いやられ（「内部における排除」,Bourdieu et Champagne 1993）、中等教育の大衆化による学歴インフレにもかかわらず、その内実はヒエラルキー化された資格の細分化によるトラッキングの効果による自己選抜を含め、強化される構造がみられる（園山 2016）。こうした構造については、高い学歴を獲得した保護者を持つ生徒ほど、その抜け道、回避の方法を熟知しているゆえに、階層間にみる学業達成の格差が縮小しない要因と考えられている。つまり、上層においては普通高校に進学するための留年もいとわないわけだが、庶民階層の場合は中学校の進路指導において勧められた職業高校へと進学することになる。そのため、就労においても最終資格（学歴）の違いが反映され、移民の多くが庶民階層である以上、労働市場においてきわめて厳しい選抜を受ける結果となっている。約40年前に、こうしたトラッキングの構造をなくす目的で中学校の統一化を実施したにもかかわらず、依然として社会階層の再生産に寄与する学校制度を今一度見直す時期に来ていることは明らかである。

第4章　フランスにおける外国籍児童生徒と移民の子ども

注

(1) Circulaires 11 octobre 2012（n° 2012-141, 142）：2012年10月11日通達において これまでの入門学級（CLIN-CLAD-CLA/NSA, etc.）をUPE2A（l'"unité pédagogique pour élèves allophones arrivants"「外国語を母語とするニューカマーの生徒のた めの教育単位」）に統合し、よりインクルーシブな教育を目指す。つまり学級ではな く教育単位と位置づけ、生徒は一時的にフランス語等の強化・補習授業を受ける が、基本原学級に在籍する時間を核にすることが制度的にも保障されることになる。

(2) « Les élèves nouveaux arrivants non francophones au cours de l'année scolaire 2010-2011 » *Note d'information* n° 12.01, Depp, ministère de l'éducation nationale, de la jeunesse et de la vie associative, mars 2012.

(3) Claire Schiff（2004）"Les conditions d'accès et d'intégration scolaire des primo-arrivants", in *La déscolarisation*, sous la dir. de Dominique Glasman et Françoise Œuvrard, Paris, La Dispute, pp.169-185.

　　シフは、パリ、クレテイユ、ボルドー大学区の比較を試みている。三つの大学 区には違いはあるものの、いずれの大学区においても受け入れ学級からの進路 （職業系に偏りがみられる）あるいは学校からの離学がみられる（2014年11月5 日インタビューより）。

(4) 2011年10月にA. Bourgarel氏の案内で、ウヴラールと園山で事業担当者にインタ ビューを行った。その追跡調査を園山は2014年3月にも行った。

(5) Baudelot et Establet（2009）*L'élitisme républicain*, Seuil, pp.85-98.

(6) Yaël Brinbaum, Laure Moguérou et Jean-Luc Primon（2010）« Parcours et expériences scolaires des jeunes descendants d'immigrés en France », in *DOCUMENTS DE TRAVAIL*, No.168, Trajectoires et Origines, pp.47-54.

(7) Cédric Afsa（2013）« Le décrochage scolaire : un défi à relever plutôt qu'une fatalité » *Education & formations* n° 84, décembre, pp.9-19.

(8) Maryse Esterle（2011）"Quelle construction identitaire pour les jeunes déscolarisés", in *La déscolarisation*, sous la dir. de Dominique Glasman et Françoise Œuvrard, Paris, La Dispute, pp.263-280.

(9) Céreq, suivi d'un échantillon de jeunes de la sortie du système éducatif au cours ou à l'issue de l'année scolaire 2003-2004, *Enquête de 2007*.

(10) Dominique Meurs et Ariane Pailhé（2010）« Position sur le marché du travail des descendants directs d'immigrés en France » *Economie et statistique*, n° 431-432, pp.129-151.

主な参考文献・資料

Beaud, S.（2002）*80% au bac... et après? Les enfants de la démocratisation scolaire*, Paris, La Découverte.

Bourdieu, P. et Champagne, P.（1993）« Les exclus de l'intérieur » in Bourdieu, P. (dir.) *La misère du monde*, Paris, Le Seuil.

Broccolichi, S., Ben Ayed, C. et Trancart, D.（2010）*École : les pièges de la concurrence. Comprendre le déclin de l'école française*, Paris: La Découverte.

Caille, J.-P. et Vallet, L.-A.（1995）« Les carrières scolaires au collège des élèves étrangers ou issus de l'immigration » *Education et Formations*, n° 40, pp. 5-14.

Felouzis, G., Liot, F. et Perroton, J.（2005）*L'apartheid scolaire*, Paris, Seuil.

Oberti, M.（2005）« Différenciation sociale et scolaire du territoire : inégalités et configurations locales » *Sociétés contemporaines*, n° 59-60, pp.13-42（オベルティ（2012）「居住地域の社会的・教育的差異化」『学校選択のパラドックス』勁草書房、155-189頁）

Insee（2012）*Immigrés et descendants d'immigrés en France*, Insee Références, Édition 2012.

Insee（2016）*France, portrait social*, Insee Références, Édition 2016.

Insee（2017）*Insee Première*, N°1634.

園山大祐（編）（2016）『教育の大衆化は何をもたらしたか』勁草書房。

Van Zanten, A.（2001）*L'école de la périphérie. Scolarité et ségrégation en banlieue*, PUF, Le lien social.

第5章

フランスにおける社会統合と
女性移民の地区外逃避

リヨン市郊外にみる女性移民の成功モデル

園山　大祐

はじめに

　フランスでは古くから外国人を積極的に受け入れ、少子化対策、労働力不足を補う国策がとられてきた。1970年代の石油ショックを契機に単純労働者の受け入れを停止するものの、それ以前に入国した男性単身労働者の家族呼び寄せ、および旧植民地からの流入は一時増え、現在はその子孫の社会統合が課題となっている。まずは移民の児童生徒の学校適応やフランス語教育、そして次第に学業達成が課題となる（園山 2002; 2009; 2016a, b; 2017）。さらに1980年代以降の景気低迷に加えて、郊外に集住する社会集合住宅の老朽化に伴い、ある程度社会混成が存在していた郊外都市も、白人労働者階級を中心にこうした社会集合住宅からの流出がみられ、都市の隔離問題として郊外都市イコール移民問題として「郊外」のスティグマが新たに社会的な注目を浴びる。1983年秋の「人種主義に反対し、平等のための行進」（"La marche"、移民による大規模なデモ）は、リヨン郊外マンゲット地区の若者を発端に全国規模に広がりを見せ、最終的には大統領に直接交渉をもたらしたことで有名である。それは、移民第2世代（フランス生まれ）の法の下の平等、労働・住宅・文化などへの機会の平等を訴えとして、フランスで学び、働く若者の静かな抵抗運動として記憶されている。その約20年後の2005年秋に再度、パリの郊外を発端に全国的な「暴動」が沸き上がったときは、夜間に路駐している車に火をつけるなど、より過激な形で社会に対する異議申し立てが行われた。1983年の移民の主張から約30年が経過した2012年に南仏トゥルーズのユダヤ人学校銃撃事件、2015年1月7日にシャルリ・エブド新聞社襲撃事件、同年11月13日にパリ同時多発テロ事件が起きた。今回は、ヨーロッパにおけるホームグロウン・テロリストと呼ばれる、フランスなどヨーロッパ生まれの移民が、より過激な思想をもった集団として、暴力によって社会に対する不満を主張している。ヨーロッパ生まれの「移民系」ヨーロッパ人の若者であり、かれらがなぜテロリストの道を選んだのかが問われている。

第5章　フランスにおける社会統合と女性移民の地区外逃避

　その要因の一つとして、移民の社会統合が失敗に終わったと言われていることがある。特に同化志向の強かったフランスでは、単一不可分な国として「共和国主義モデル」への統合が強く求められてきた。フランス国籍を取得できる代わりに、自らの出自については私的空間に留める必要があり、文化の多様性は公共空間においてはほとんど共有されることはない。市民性教育においても、フランス人（多重国籍を含む）となるか、限られた市民権しか享受できない外国人のまま生活するかという両極の選択が迫られる。公教育の中では、たとえ市民の形成といえども、フランスでは市民は国民であり、フランス人か外国人かという国籍で選別される。かれらの文化や教育観がホスト社会の人々と共有される時空間は限られている。フランス社会が一般的に多重国籍を認めつつも、二文化、二言語併存を好まない、単一不可分なナショナルなアイデンティティを考究することもその一因である。一方ではコミュノタリスムの出現によるエスニック別のコミュニティの形成とその中における若者の孤独、引きこもり、疎外感、閉塞感があげられる。そうした孤立した若者の一部を引き寄せているのがインターネットの空間と過激派による偏向した宗教的な勧誘であるとされている。ただし、あくまでも郊外の「移民系」若者のほんの一部であることは注意しなければならない。

　もう一つの要因として、経済状況の悪化によって寛容性が弱まり、社会的な結束力が弱体化していること、貧困者や若者が閉塞感に悩まされ、孤立していることがある（Ott 2009）。くわえて、社会変動による労働者の社会空間の変容がある。カステル（1995＝2012）が指摘するように、労働者層の紐帯の弱体化が言われている。かつての労働組合を中心とした連帯が失われつつあるのである（Labbé 2009; Beaud et Pialoux 1999; Beaud et Cartier 2009）。

　さらに、移民の第2世代は、親世代と異なり、親同様の労働者になることに嫌悪を示す。（未）熟練労働者に対するアレルギー反応、嫌悪感は強く、ときに差別的でもある。こうした労働観の変化もまた大きな障壁である。無論、かれらが就職等において人種差別を経験することも事実であり、そのこと自体が社会問題であるが、一部過剰な反応を示す若者も少なくない。ゆえに、かれら

101

が「移民系」であることに敏感に反応すること、自分たちは「フランス人」であることに固執することも親の移住先で生まれた「移民2世」の特徴と言える。事実、移民第2世代以降の9割以上はフランス国籍を取得している。自らの出自が可視的である場合はなお一層人種主義に対する反射反応が生じる。学校における進路指導・進路決定過程や、就活に向けた面談や研修における反応がその一つである（Santelli 2016; Dhume-Sonzogni 2014; 園山 2017, 2018）。

　こうしたなか、教育の大衆化の波と社会統合の厳しさにいち早く気づき、成功している若者が女性である。移民系においても女性は男性以上の学業達成を獲得し、職業参入に成功している。彼女らは従業員など女性に偏向した特定の職種ではあるが就業に成功し、可視的な移民であっても男性とは異なる現実的な選択による就職を選んでいる。

　以下では、郊外研究を整理した上で、移民系第2世代以降の社会統合についてフランスの社会学者エマニュエル・サンテリのリヨン市郊外の若者調査を基にまとめる。

第1節　郊外とは

　郊外（banlieue）の出現は、戦後の産物である。戦後の人口爆発および都市への人口流入、工場の誘致など経済成長と都市開発の産物であり、そこに植民地の独立と労働移民の流入が重なったことによる。したがって1970年代初期まではフランス人労働者を含めた社会階層・エスニシティの混住が実現されていた（Kokoreff et Lapeyronnie 2013）。

　当時、労働移民の多くは、旧植民地出身者であり、かれらは不衛生な環境のバラック村（bidonville）と呼ばれる都市のはずれに住んでいたため、社会集合住宅への引っ越しは、水、電気、ガスの配給を意味し、雨や寒さをしのぐこともままならなかった環境からの脱出であり歓迎された。同時に、このころの移民は帰国を前提としていたこともあり、住宅環境に不安はなかったとされている。1960 〜 70年代の移民の子どもたちも、学校での成績や進路をそれほど

第5章　フランスにおける社会統合と女性移民の地区外逃避

気にすることはなく、むしろ帰国の準備を想定した通学であったとされている。しかし、こうした意識も1970年代には変化し、フランス人労働者と同等の権利の主張や、ムスリムの人々のお祈りに対する理解など後の「差異への権利」へと発展する。さらに冒頭に触れた1983年の全国的な「平等のための行進」へと発展する。

　郊外の人々の社会的な異議申し立ての理由には二つあるとする。一つは人種差別、不当な扱いに対するものである。これらは1984年にマレウスカ゠ペールによって明らかにされたように警察の尋問や検挙率や、裁判において移民が不当な処遇を受けていることがあげられている（Malewska-Peyre 1984; Mohammed et Mucchielli 2006; Mucchielli 2012; Roche 2016; Rigouste 2016）。警察への敵対心が目覚めるのもこの時期であり、2015年秋の郊外の暴動は有名だが、2017年2月2日に起きたパリ郊外のオールネイスボア市のテオ事件に至るまで現在進行形である。

　1981年夏には、リヨン郊外のヴェニシユ市マンゲット地区において暴動が起こり、これを機に政府は郊外における若者の失業対策などを実施する。1980年代は、脱工業化が進む時期と重なり、冒頭に述べたような工業労働者をはじめとする紐帯が弱体化する時期でもあり、郊外の生活者の連帯も弱体化する時期である（Beaud et Pialoux 1999）。

　ただ、この時期は社会党政権が誕生したときでもあり、若者の雇用や訓練の窓口（ミッション・ローカル）を設置したり、1998年から2003年まで郊外に交番（police de proximité）を設置し、若者と警察の仲介を担う地区出身の移民系の若者を採用することで非行に走らないよう努めてきている。あるいは郊外において多くの若者を対象としたスポーツや音楽、文化的な活動を担う協会（association）を積極的に支援したのも事実である。2000年代以降のフランスを代表するスポーツ選手などにはこうした郊外の協会団体出身も多く、社会統合の成功例とされ、プロサッカー選手の多くが地元の郊外などを支援し、人種差別の撲滅運動を実施している。

　先にあげたマレウスカ゠ペールは、こうした非行に向かう若者には共通点が

103

あり、アイデンティティの危機がみられるとしている。後述するサンテリの郊外の若者調査においても同様の結果がみられる。その要因には、若者がアイデンティティを形成する機会となる学校、労働、結婚において十分な社会関係、社会的結束を得られなかったことにある。さらに1980年代以降にみられる郊外に対する社会的な偏見・差別は、郊外団地に取り残された移民に絞られてくることで助長されていく。郊外「ゲットー地区」に住む移民系フランス人に対する人種差別が可視的なマイノリティに対してより一層公的な機関においても経験されるようになり、市役所、学校、病院、警察署などにおいて差別を感じることで、かれら自身の寛容性も低くなったと考えられる。ある調査報告書（Goris, Jobard et Lévy 2009）では、アラブ系、黒人系移民は、白人より2～15倍の確率で警察に呼び止められ、尋問されているという。パリと郊外を結ぶ中心街の駅における尋問において、アラブ系と黒人系の駅利用者は全体の3分の1にすぎないにもかかわらず、尋問の総数の6割を占めているという結果である。これには、かれらの身だしなみにも特徴があるとされ、肌の色に限定されないという。こうした身だしなみや言葉遣いは、銀行口座を開設する場合や、住宅の契約時や、あるいは就職の面接時にも共通した課題である。

　1983年の全国行進は、それでも希望の行進と言われている。つまり、移民系のみの参加ではなく、郊外住民一般の異議申し立てであり、当時はフランス人の参加もみられ多くの市民から賛同を得たため、大統領府にて受け入れられ、かれらの主張が一定程度国民に共有された時期である（Hajjat 2013）。

　しかし、1990年代のヴォー＝アン＝ヴラン市のマ＝デュ＝トロー地区の暴動から2005年秋のクリシー＝ス＝ボアに至る郊外の暴動は、より深刻化している。2005年秋の暴動は3週間以上にわたり、全国規模に拡大したため記憶にある人も多いだろう。暴動の発端は、若者と警察とのいざこざに始まり、逃走中に亡くなるという悲劇であった。これらは日常的に警察との因縁が背景となっていること、また若者が自身の親世代より高学歴にもかかわらず、長期の失業中にあることや不安定雇用にしかありつけないことに対する社会的な不満が根底にはある。こうした学歴神話に対する失望や、公共機関に対する不信感は

多くの調査に共通した課題である（Beaud et Masclet 2006; Santelli 2007, 2014; 園山 2017, 2018）。

　社会学者ボーとピアルー（Beaud et Pialoux 2003）は、若者の暴動の背景要因には、社会から見捨てられ、排除され、郊外の特定の地区に隔離されていることや、日々の生活の閉塞感や疎外感があるとしている。かつての郊外の住民らには、労働を通じて、あるいは帰国に向けた希望があり、社会的な連帯、結束というものが感じられたとしている。学校教育においても、1970年代から1980年代半ばまでの教員は、こうした社会集合住宅地区の庶民階層が多く通学している学校において、移民の生徒に対する支援には好意的であったとされている。その数が特定の学校に集中し、生活の困窮状態が悪化する1990年代以降になると、全校生徒の半数から9割を生活保護世帯および移民系生徒が占めるようになるため、生徒の学業不振に対する問題を学校教育の外の問題にすり替え、問題を放任するようになる。

　郊外都市の研究者ドンズロ（2006＝2012）の『都市が壊れるとき』に記されているように、戦後に考えられた機能的な郊外都市と現在の社会生活との不一致がある。1,000世帯が集合するこれら団地群は、経済の低迷により、失業者や不安定雇用者の集合住宅にとって代わり、これらの地区のイメージも一部のギャングにより、危険、不衛生なイメージが固定化され、こうした地区を一日も早く逃避しようとする人々が増えている。現在、多くの自治体はより小さな集合住宅に、そして近隣に民間住宅を建築し、中間層との社会混成を高めようとしている。郊外における経済社会的な不平等を隔離してきた格差構造を、都市空間の整備によって克服しようと試みている。

第2節　郊外の若者調査

　ここで取り上げる、リヨン市の東に隣接するブロン＝パリリー市（以下、B市）は、約4万人の自治体で、1950年代に北アフリカからの外国人労働者とフランス人労働者のベッドタウンとして多くの社会集合住宅が建てられた。建築

家のル・コルビジエによって建てられたこれら集合住宅は、当初は労働者およ
び中間層に好まれ、社会混成が実現されていた。一棟約6,000人を収容するこ
れら集合住宅は1980年以降になると、貧困層の集住地として認識され、治安
問題と合わせて社会問題となる。フランスには、約700の困難都市区域
（ZUS）が指定され、総人口の約7%がこうした都市に生活している。ZUSの
特徴として、集合住宅の居住率が高く（6割）、若者が多く（住民の4割）、そ
して外国人の集住が高い（17.5%）とされる。

　B市においても25 ～ 49歳の割合は32%で、教育・職業資格のない者の比率
は39%といずれも他の地区の4倍と3倍と高い。1980 ～ 90年代に「生粋の」
フランス人がこの地区を離れてから、社会混成が失われ、アフリカ出身の移民
系住民の存在が可視化している。

　そのような時期に生まれた移民系フランス人の郊外における成長を考察した
い。一般的にこれまでの先行研究で明らかにされてきたように、かれらの社会
統合は厳しく、社会参入、就職はより厳しい状況が続いている。こうした情勢
を、地区外のフランス人は恐怖、不安として感じている。むろん、これにはマ
スメディアによる郊外の取り上げ方、および若者の表象形成に問題があること
も事実である。社会学においても、郊外の若者の研究では主に四つ（過酷な状
況、ギャング団、闇経済、信者）に類型化されてきた[1]。

　サンテリ（Santelli 2007）の研究では、こうしたB市の集合住宅地区に留ま
った若者と出て行った若者を比較している。「問題」とされている郊外出身の
若者がどのような経路を辿ったのか30名の聞き取りを通じて考察している。
対象は2003年に20 ～ 29歳の若者で、地区の小学校を卒業していて、両親はマ
グレブ出身である。該当する473名の若者から200名に質問紙調査を実施した
上で、30名に絞って面接調査を行っている。ここでは、地区に関すること、
学校歴、就労、社会関係、家族との関係、引っ越しや結婚・同棲について、所
属に関することの7項目を分析している。調査時に若者は、以下三つの段階に
あった。6割が学業から離れて働き、12%が失業中であり、28%が学業を継続
している。

106

第5章　フランスにおける社会統合と女性移民の地区外逃避

第3節　郊外の若者の移行問題：ブロン＝パリリー市にみる五つのタイプ

　第1のタイプは「排除された若者たち」で、すべて地区に住み続けており、20 〜 25歳の男性である。そのうち3分の2は無資格である。短期職業課程（CAP、BEP）に進路選択をしているが、試験に失敗ないし、途中で脱落している。多くが、初等段階で成績が振るわず、非行に走るきっかけを見出し、最終的に学校を離れていった。また学校生活の不満は、進路指導期において差別されたという感情があったと指摘されている（Brinbaum et Guégnard 2012; Marlière 2006; Dhume et al. 2011; Lemaire 1996）。かれらは、資格もなく、職業経験もないため、将来への見通しも立たない。5人に1人が不安定雇用のなか労働に携わっている。また、3か月を超えた労働経験はだれ1人いない。学業失敗は、労働市場においても拒否され、社会から周縁化される最大の要因と考えられる。

　第2のタイプは、「近い将来就業の見通しがある若者たち」である。このタイプもすべて男性であるが、前者と異なり、地区外で暮らしている。半数は26 〜 29歳と若干年齢も高い。また半数が短期職業課程の資格を取得している。そして半数は仕事に就いている。不安定雇用であるが、短期雇用契約（研修）にある。かれらは、学校を離れた後、短期間であるが継続して働いている。かれらは労働を通じて、社会的な評価を得てきたと述べている。決して楽な労働環境とは言えないにもかかわらず、なんとか労働を通じて自我を保ち、「郊外の若者」というスティグマから抜け出そうと努めている。

　第3のタイプは「不可視なプロレタリア」で、地区に留まる大多数は男性である。その多くは無資格であるが、多くは労働者で無期限付雇用（CDI）であり、一部は有資格者でもある。離学後まもなく就労につき、資格を取得したために安定雇用の道を歩み出せた若者である。両親と同様の社会階層であるが、両親の多くは工業労働者であり、かれらの場合は第三次産業（サービス、セキュリティ関係、スーパー店員など）に従事している。このような成功者は、こ

107

うした困難都市地域（ZUS）においてはむしろ例外的な存在と言える。かれら
の成功は、社会関係資本に依っている。両親による安定した家庭環境をはじ
め、社会福祉、教育関係者との出会い、適切な指導によるところが大きい。両
親同様に、自分たちも勤勉に働くことに価値を見出している層である。

　第4のタイプは「不安定な高学歴者たち」で、全員地区に住み続けている。
女性が多い。全員が何らかの資格を取得し、3分の2はバカロレア（職業ない
し技術）を取得している。両親の応援もあり、教育の大衆化の恩恵を受けた世
代でもある（ボー 2016）。ただ、高校への進路指導において職業高校に入学し
たのは本意ではなく、それまでの学校神話、教育期待に対する疑問が生じた時
期ととらえている。資格取得にもかかわらず、両親の期待に反して、就職にお
いては格下げられた感が残っている。4分の3は、仕事に就いているが、資格
に見合っていないか、半数は不安定雇用にある。多くはサービス業に従事して
いるが、自分たちの資格に見合っていないと感じており、現状に不満がある。
地区から出て就職先を探すか、公務員試験を受けることがより安定した仕事を
見つける近道であるが、地区から出る予定はない。

　第5のタイプは「安定雇用者たち」である。第4のタイプ同様、大多数は女
性であるが、地区外に住む若者である。多くは、家族の引っ越しを契機に地区
外に出ている。また多くが持ち家となっているため、家族の社会上昇移動によ
る恩恵を受けている層である。9割は資格を持つが、前者と異なり、より専門
職業に向けた高等教育段階の資格（BTS、DUT）を含んでいる。かれらの多
くは、普通バカロレアを取得したのちにこうした短期大学にて技術資格を取得
し、就職に有利に働いた事例である。第4のタイプの技術バカロレアないし職
業バカロレアを取得して普通の学士課程に進学して失敗した者と異にする。事
実、安定雇用者たちは、9割が無期限付雇用か、公務員の職に就いている。

第5章　フランスにおける社会統合と女性移民の地区外逃避

第4節　地区に残るか、残らないか

4.1　地区内に居場所を見出す若者

　第1と第2のタイプは、地区に残った若者の典型と言える。かれらは、地区の中でも存在感があり、目に見えるかたちでその象徴と言える。かれらは、自らの将来に対してなんら先の見えない状況にあり、就職にしても、親元を離れる可能性も、パートナーを見つけることも、家族を持つことも、計画が立たない状況にある。社会から周縁化され、切り離された感情を抱きつつ、当地区に固執し、寄り添っているが、相互に展望が見出せる状況にはない。他の世界を知らないことによる地区への拘りとも言える。逆に、それゆえに地区固有の規範を求め、仲間に地区固有の道徳観を植えつける。この固有の規範意識が、学校、職場などと対比されて意識されている。地区に残る、あるいは戻ってくる若者には代えがたい安心感があるため、ないし他の空間における規範や規則には充足できない理由があるため地区に戻ってくるのだろう。そもそも学校の規範に馴染めなかった若者であり、社会化に難があるため、就職も難しいとされている。義務教育期間中に資格がとれなかったことは、フランス社会の中で、こうした規範意識に馴染めない若者というレッテルが貼られやすいことも、こうした郊外の若者に対して不利に働いている。

　地区内における、同一のエスニシティ（マグレブ出身移民）、家庭の経済社会状況、宗教、文化というのが、かれらの同質性、団結心を強くしている理由と考えられる。かれらの発言に「我々」と「かれら」という対比が多く聞かれ、その意識が地区の者と外の者という区別にあり、時と場合には、この区別は差別にも発展する。一般的に校区は、小学校から中学校、そして高校へと教育段階に応じて広がり、校内に複数の地区の生徒が交わることになるが、かれらのあいだにおける仲間意識はきわめて狭い地区（団地内）に限定された縄張り意識が高い。こうした狭い仲間意識（bande）の結束は一部の非行者や離学者において固いものであるが、その反面、地区外におけるかれらの不安定さ、

109

適応能力の低さは露呈される。かれらの多くが、学校をやめてからしばらく地区内で活動を続け、その限界から地区外に仕事を求めるものの適応できないのも、地区内におけるコミュニケーション能力（言葉使いやしぐさなど）に限定される時間が長くなるためでもある。

　地区内におけるかれらの権力は絶大でもあり、そのため地区における優位な地位は揺るぎない場合が多く、ある一種の居心地の良さがそこには保障されている。第1のタイプと第2のタイプはともに男性が中心でもあり、郊外における女性の地位が若者のあいだにおいて低位に位置づけられるのもこうした構造によるものである。

4.2　地区内に居住しつつも地区外に価値を見出す若者

　次に、第3と第4のタイプであるが、地区内に住み続けているが、地区の若者たちとは縁を切っている事例である。かれらは、仕事、遊び、あるいは仲間を地区外に見出している。地区に対する意識は、最終学歴による。学歴の高い者は、地区を拒絶し、地区の規範などに反対している。そのため、なるべく地区外に出ていくか、地区内では自宅に閉じこもり地区の若者と関係を持たないようにしており、経済的に可能であれば地区を離れることを計画している若者である。かれらは、私立学校や、学校外の活動（学童クラブ、林間学校）などによる地区外の人との触れ合いを通じて、そこに価値を見出せた経験を共通に持っている。女性に多く、有資格者に多いのが特徴である。

4.3　地区外に居場所をみつけた若者

　家族全員で地区外に引っ越した事例が多く、地区に戻る物理的、心理的理由がない若者である。若者自身も仕事や学業を理由に地区外に住んでいる。両親も地区を離れている場合、地区に対する感情は何もない若者である。かれらもまた、先述した資格取得に成功した若者と同様に、幼い時に地区外に出かける経験を通じて地区外の生活に憧れを感じた若者である。特に両親からは地区の治安の悪さ、暴力事件、闇経済など負のイメージが語られる。当人たちは、地

区で学んだ自分の身を守る方法において、地区内の生活経験を完全に否定するわけではない。地区では、一種の団結、連帯、尊敬など固有の規範が守られており、そこで学んだ社会化が成人になって役に立つこともあるとする。自分たちの成功にこうした社会経験は有効だったとし、地区内の生活を部分的に肯定する点は、2番目の地区外に価値を見出す若者とは若干異なる様相がみられる。かれらのもう一つの特徴は、個人主義でもある。地区内の若者の集団に固執するより、自身の成功のために学校神話を信じ、個人の努力による成功への道を選んでいる。特に女性に多いが、地区外に出ることで解放される居心地の良さを一部の女友達と共有し、地区外の女性と触れ合うことで地区外の解放感、自立のために努力を惜しまなかったとする。

第5節　女性移民の地区外逃避成功モデルの特徴

　女性移民が成功する主な特徴は三つほど考えられる。一つには学業達成にある。女性は、一般的に男性よりも高い成績と学歴を獲得していて、移民系フランス人にも共通した結果がみられる。唯一異なるのは、トルコ系移民である。逆に、無資格者が男性に多く、特にサブサハラおよび東南アジア系男性移民が突出している。

　第二の女性移民の特徴は、技術・職業系の高校を選択した場合にも将来の職業参入を見通した資格を選択している点にある。フランスの失業率において、女性は9％で男性が8％となっている。ただし、移民系フランス人においては、非移民より高いものの、男性と同等ないし若干低い結果（12〜22％）となっている。例外は東南アジア系の7％と、トルコ系の22％である（Brinbaum, Meurs et Primon 2015; 園山 2017, 2018）。マグレブ系移民女性は、男性よりも失業率は低く、学業を継続している率は高く、あるいは専業主婦率も高い。

　様々な調査が明らかにしてきたように、非移民と移民では、移民の職業参入の方がより厳しいことと、人種差別の存在が指摘されてきた（園山 2017）。と

111

表5.1　労働者の父親を持つ18〜35歳の最終学歴

出自	無資格		高校2年		バカロレア		Bac+2		Bac+3以上	
アルジェリア	20	16	27	22	21	27	12	13	8	12
モロッコ・チュニジア	20	10	23	21	19	31	12	17	14	16
サブサハラ	19	6	24	13	23	27	11	19	6	12
トルコ	27	26.5	40	24	11	23.5	3	11	11	3
東南アジア	14	9	24	14	14	24	19	19	25	27
平均	10	8	26	22	23	23	16	20	18	21

注：出自とは、若者の出生地あるいは、その若者がフランスに入国した年齢は8歳未満である。いずれも両親ともに外国出自である。数値はパーセンテージであり、左が男性、右が女性である。高校2年というのは、高校2年までに取得できる職業資格を指す。Bac+2、Bac+3とはバカロレア取得後2年（短大）ないし3年（学士）の資格取得者を指す。
出典：TeO調査、p.48.

　いうのも、こうした職業参入の厳しさは、グランゼコールなどの高い学歴の持ち主にも、共通したアフリカ系移民に対する厳しい結果となっているからである。また高校段階の資格において就職する場合は、特に社会関係資本の有効性も疑問視され、郊外の若者が不利な環境にあることが指摘されている。

　女性移民の三つめの特徴として、結婚がある。一般的に移民よりも非移民の方が結婚（同棲含む）率は高いとされている。ただ、移民の場合は、同棲は少なく、共同生活を経ないで結婚するとされている。これには文化慣習的、宗教的な理由もあるが、結婚を通じた出身地区を抜け出す手段が考えられる。移民女性の場合、就職と同時に結婚、そして親元を離れる傾向が強いとされている（Collet et Santelli 2012）。女性移民は、男性よりも教育歴が長いため、就職も遅いが、経済的な安定と親から独立した結婚生活が、男性移民よりも早いとされている。親元を離れるために就職によって自立し、ある程度自由に結婚することを親から認められ、生まれ育った郊外地区を離れることの承認をとるという戦略とも解釈できる。

　学歴、就職、結婚のいずれも女性移民にとっては、地区からの逃避を目指した成功モデル戦略とされている。

第5章　フランスにおける社会統合と女性移民の地区外逃避

おわりに

　以上に見てきたように、郊外の若者の成長には、学校、家庭、住区、社会関係資本など様々な環境が影響を与えている。地区における生活は、どの若者にも固有の経験であり、特殊な規範のなかにおける障壁でもある。この障壁を乗り越えるきっかけとして学歴がその助けとなることは、これまでも盛んに言われてきた。しかし、他方で、物理的に引っ越しや、地区外の校区の高校に進学すること、就職することが若者の転機となることも今回のサンテリのインタビューから読み取れる重要な考察結果である。

　またサンテリの結論にも指摘されるように、地区に固執する若者を含めて、全員が地区を離れられるものなら離れたいとする点も重要な指摘である。フランス政府が長らく、都市の再整備を課題としつつも、時間と予算のかかる作業であることは間違いない。そのあいだに多くの若者の将来の不安が解除されないことの代償は大きい。事実、一部のテロリストにホームグロウンが出現し、かれらに共通するのが閉塞感である。生まれ育った土地に居場所がなくなるというのは、産業化（農村部から都市への流入）以来、人類に共通の課題であるが、その出自に憎しみを覚え社会に対する反逆行為につなげるには、相当な心理的ダメージがなければならないだろう。冒頭に記したように、都市への移動があっても、労働者の連帯（組合など）、住民組織などによって学校、労働、地区、それぞれに人のつながりが形成されていた。このつながり（紐帯）が弱体化したことと郊外の問題には深い関係がある。

　地区に残った若者にも、等しく地区外における出会いはあっただろう。しかし、地区外の規範に馴染めなかったのはなぜなのか。地区外における郊外の若者への眼差しにはどのようなものがあるのか。かれらの進学、就職、住宅事情などにおいてどのような眼差しをマジョリティは投げかけているのか、マジョリティ側が考えなければならないはずである。物理的な郊外に周縁化されているだけではない、心理的な周縁化に対する社会的な政策対応が待たれる。学校

113

という壁に囲まれた空間の外に通じる差別と闘う力を養うにはどのような教育が考えられるのか。地区内にある学校の生徒にはより重要な生きる術であり、教師はそうした地区の若者の生活の現実をどの程度理解し、対応できるようなコミュニケーション・スキル、表現・言葉使い、郊外の若者に通じる言語表現を持ち合わせているのか。こうした地区の学校では、積極的に移民系の教師や、郊外地区出身の教師や生徒指導専門員などが登用されているが、生徒や保護者にとって十分なロールモデルとなっているかは疑問である。ここでも単一不可分な原則により、そうした教師のルーツについて語る教師は少ないのが現状である。

注

(1) Galère（過酷な状況）とは、1980年代にデュベが郊外の若者調査において使った定義である。デュベはかれらを、不安、非組織（désorganisation）、困難を切り抜ける術（débrouille）、憎しみといった特徴で表している。当時は移民と非移民という区別はなく、「赤い郊外」という労働者の連帯が崩れつつあり、政治的な支持基盤（共産党員）も弱体化する状況を描いている。

Bande（ギャング団）とは、モハメッドの研究によれば、1960年代のギャングに対し、80年代の移民によるギャングは別名「ブラックカラー」（ブルーカラーに対比）と呼称され、「共和国の」規範が通じない社会としての「郊外」が強調され、危険、治安の悪い地区としてのイメージが形成される。特定グループによるストリート文化規範が地区の主流となり、学校や家庭の規範は通用しなくなる。ギャングの仲間入りすることで、地区において保護されるが、代わりに他の規範を認めないため、学校、家庭、労働などにおける成功は認められないというパラドックスを生む。

Bizness（ビジネス）とは、闇経済であり、ブランド品などの横流しなど違法な稼ぎによって生活を営むことである。一部、高額な商品も存在するが、多くは生活費、小遣い稼ぎが中心である。こうした少額の収入であり、困窮した生活区域のため景気に左右されやすく、決して将来展望が見通せるものではない。したがってこの世界に長くとどまる者が多く、地区から脱出できるものも少ない。

Din（信者）とは、宗教に生きがいを見出す若者である。80年代の協会団体の

第5章　フランスにおける社会統合と女性移民の地区外逃避

設置の奨励により作られたとされる様々な宗教的背景を持った活動団体であるが、当時の政策の失敗とされてもいる。男性によるこうした団体への参加は、社会的な排除からの救いの場ともなっていて、宗教の原理主義化に寄与していることが明らかにされている。こうした場を通じて、若者がストリート文化から逃れる機会となると同時に宗教にシンパシーを見出す機会ともなっている。また家庭、学校、労働の場が提供してくれなかった憩いの場として、あるいはありのままの自分の存在を認めてくれる安心できる場となっている。移民の第1世代より第2世代以降の方が宗教に熱心とされる要因が、こうした郊外の社会的隔離にあるとされている。

　ギャングによって組織化がすすめられ、ビジネスによって生活が営まれ、宗教が自分を見つけることに成功するというように、これらは郊外の若者の生き残りの証として意味がある。特に郊外において、男性は人種主義と闘い、女性は性と闘うことになるため、それらを埋め合わせる場が上記の四つには見られる。

参考文献・資料

ボー, S.（2016）「『バック取得率80%』から30年」『教育の大衆化は何をもたらしたか』勁草書房、12-23頁。

Beaud, S. et Pialoux, M.（2003）*Violences urbaines*, Fayard.

Beaud, S. et Pialoux M.（1999）*Retour sur la condition ouvrière*, Fayard.

Beaud, S. et Cartier M.（2009）De la précarisation de l'emploi à la précarisation de travail, dans *La France invisible*, La découverte, pp.561-573.

Beaud, S. et Masclet O.（2006）« Des « marcheurs » de 1983 aux « émeutiers » de 2005 » *Annales Histoire*, Sciences Sociales, 61-4, pp.809-843.

Brinbaum, Y. et Guégnard C.（2012）« Parcours de formation et d'insertion des jeunes issus de l'immigration au prisme de l'orientation » *Agora*, No.61, pp.7-20.

Brinbaum, Y., Meurs, D. et Primon, J-L.（2015）« Situation sur le marché du travail » Beauchemin, C., Hamel, C. et Simon, P.（dir.）*Trajectoire et Origine*s, Ined Editions, pp.203-232.

カステル, R.（1995=2012）（前川真行訳）『社会問題の変容』ナカニシヤ出版（*Les métamorphoses de la question sociale*, Fayard）

Collet, B. et Santelli, E.（2012）*Couples d'ici et parents d'ailleurs*, Puf.

Dhume, F., Dukic, S., Chauvel, S. et Perrot, P.（2011）*Orientation scolaire et discrimination*, La documentation française.

Dhume-Sonzogni, F.（2014）*Entre l'école et l'entreprise la discrimination en stage*, P.U. de Provence.

ドンズロ, J.（2006=2012）（宇城輝人訳）『都市が壊れるとき』人文書院（*Quand la ville se défait*, Seuil）。

Dubet, F.（1987）*La galère*, Fayard.

Dubet, F. et Lapeyronnie, D.（1992）*Les quartiers d'exil*, Seuil.

Goris, I., Jobard, F. et Lévy, R.（2009）*Police et minorités visibles : les contrôles d'identité à Paris*, Open Society Institute.

Hajjat, A.（2013）*La marche pour l'égalité et contre le racisme*, Amsterdam.

Kokoreff, M. et Lapeyronnie, D.（2013）*Refaire la cité*, Seuil.

Labbé, D.（2009）Des syndicats affaiblis et décalés, dans *La France invisible*, La découverte, pp.574-581.

Lemaire, S.（1996）« Qui entre en lycée professionnel, qui entre en apprentissage? » *Education et formations*, 48, pp.71-80.

Malewska-Peyre, H.（1984）« Crise d'identité, problème de déviance chez les jeunes immigrés » *Les temps modernes*, no.452-453-454, pp.1794-1811.

Marlière, E.（2006）« Les jeunes des cités en visites au bled » *Hommes et Migrations*, no.1262, pp.99-113.

Mohammed, M.（2011）*La formation des bandes*, Puf.

Mohammed, M. et Mucchielli, L.（2006）« La police dans les quartiers sensibles » Le Goazioui, V. et Mucchielli, L., *Quand les banlieues brûlent... Retour sur les émeutes de novembre 2005*, La découverte, pp.98-119.

Mucchielli, L.（2012）*Violences et insécurité*, La découverte.

Ott, L.（2009）La solitude des enfants des quartiers populaires, dans *La France invisible*, La découverte, pp.582-593.

Rigouste, M.（2016）*La domination policière*, La fabrique.

Roche, S.（2016）*De la police en démocratie*, Grasset.

Santelli, E.（2007）*Grandir en banlieue*, CIEMI.

Santelli, E.（2016）*Les descendants d'immigrés*, La découverte.

園山大祐（編）（2018）『フランスの社会階層と進路選択』勁草書房、（近刊）。

園山大祐（2017）「『移民系フランス人』の学業達成と庶民階層にみる進路結果の不平等」『現代思想』2017年4月号、青土社、184-198頁。

園山大祐（2016a）「教育の大衆化は庶民階層にどのような教育効果をもたらしたか」、「移民・外国人にみる中等教育の大衆化と職業参入」『教育の大衆化は何をもたらしたか』勁草書房、1-11頁、180-200頁。

園山大祐（2016b）「フランスにおける移民の学力および学業達成の課題」『岐路に立つ移民教育』ナカニシヤ出版、144-159頁。

園山大祐（2015）「フランス教育制度における周縁化の構造」『排外主義を問いなおす』勁草書房、127-150頁。

園山大祐（2009）「フランスの移民の学業達成から何を学ぶか」『日仏比較 変容する社会と教育』明石書店、231-244頁。

園山大祐（2002）「フランスにおける移民の子どもの学業達成からみた学習権の保障」『大分大学教育福祉科学部研究紀要』第24巻第2号、433-446頁。

TeO（2010）Trajectoires et Origines, INED, INSEE, *Documents de travail* no.168.

[付記]

本稿は科学研究費助成（15KT0047, 15H05187, 26285190）による成果の一部である。この場を借りて感謝申し上げる。

第6章

ラテンアメリカ人移民の
変容と国家

在外コミュニティの動向と政策から

江原　裕美

今日、ラテンアメリカ・カリブ海地域（Latin America and the Caribbean、以後LACと表示）においても国際的な人の移動が大きな話題となりつつある。LACからOECD諸国への移民は1990年代から2007年にかけて急速に増加した。2008年のリーマンショックに始まる世界的な景気後退が移民の帰国を促す局面もありつつも、今日、生まれた国以外の国に住むラテンアメリカ人の数は3,000万人に迫ろうとしているという。

　ラテンアメリカでは国境を越えた出稼ぎや移住は、送金により家族が豊かになり、持ち帰った技能は社会の発展にも役立つ、個人の能力向上にもつながる、などとして好意的に、また憧れをもって見られている。しかしこれと対照的に受け入れ側では安くて便利な労働力として扱われる場合もある。受け入れ社会の中では脆弱な人口集団として、特に経済危機時にその問題が顕現する。日本でもリーマンショック以降の不況期、外国人労働者が困窮状態に陥り、緊急措置がとられたことは記憶に新しい。

　人の国際移動は今や世界的な現象となっている。各社会のあり方と同時に各方面の政策の結果として現在の事態があるのであり、移民をめぐる俯瞰的な理解を得ることが必要であろう。本稿ではラテンアメリカ・カリブ海地域出身の人々の国際移動を概観し、移民と出身国との関係というテーマについて考察する。

第1節　ラテンアメリカ出身の国際移民の行き先とプロフィール

　2010年現在、各国の国勢調査を基にしたデータによれば、生まれた国以外で暮らしているLAC出身者は2,850万人、2000年時点の2,600万人を上回り、人口の約4%を占める数字である[1]。かれらはLAC地域以外の国への移住者と、LAC地域内の他国への移住者とに分けられる。近年はヨーロッパへの新規渡航者数の減少傾向の一方、LAC域内での移動の増加傾向に注目が集まっている。

　基本的データを見てみよう。LAC域内域外を問わず、国別で最も多くの国外移民を送り出しているのはメキシコで、1,186万3,000人に達している。次いで多いのはコロンビアの197万6,000人、中米エルサルバドルの131万6,000

120

第6章　ラテンアメリカ人移民の変容と国家

表6.1　ラテンアメリカ・カリブ海地域出身の国外移民数と人口に占める割合（2010年頃）

国名	全人口 （1,000人）	出国した移民数 （1,000人）	人口に占める割合 （%）
全ラテンアメリカ・カリブ海地域	703,437	28,467	4.0
小地域別			
南米	509,865	8,398	1.6
中米	152,812	15,550	10.2
カリブ海	40,760	4,519	11.1
人数の多い上位5か国			
メキシコ	111,960	11,863	10.6
コロンビア	41,468	1,976	4..8
エルサルバドル	5,744	1,316	22.9
キューバ	11,204	1,297	11.6
ドミニカ共和国	9,445	1,070	11.3
人口に占める割合が高い上位5か国			
ガイアナ	761	374	49.2
ジャマイカ	2,730	803	29.4
エルサルバドル	5,744	1,316	22.9
トリニダッドトバゴ	1,344	301	22.4
サンタルシア	174	22	12.4

出典：Martinez, Cano and Contrucci (2014), p.12より作成。

人、キューバの129万7,000人、ドミニカ共和国の107万人、となっている[2]。しかし人口に占める割合で見ると、カリブ海地域（人口の11.1%）、中米地域（人口の10.2%）で高いが、南米では1.6%に留まっており[3]、人口的制約のため市場規模や経済力が小さい国々から国外へ移住する傾向が強いことがわかる（表6.1）。

このほかに上記の調査から提示されたいくつかのポイントに言及しておこう。

①ラテンアメリカ人の最大の受け入れ先は米国である

LAC出身の国外移民の中で、最も人数が多いのはメキシコ人である。メキシコ人だけで1,186万人、全体の42%を占めている。行き先は、米国が最大の流入先となっている。メキシコ人を含めるとLAC地域から国外への移民の

121

70％は米国が目的地である。それ以外の行き先は、スペイン8％、カナダ2％、日本1％を含め米国以外のOECD諸国全体15％、LAC域内15％となる。メキシコ人を除外すれば、米国はLAC出身の移民の51％を受け入れている。それ以外は、25％がOECD諸国へ、24％が域内国へ向かう[4]。LAC出身の国際移民は、米国行きが断然多く、それ以外は他のOECD諸国とLAC地域内とで二分される構成である（図6.1、図6.2）。

②移民の居住先第2位はスペイン、そしてその割合が増えている

　ヨーロッパに居住する移民全体の中で、最大の受け入れ国はドイツ（866万人）とフランス（628万人）だったが、2000年から2013年にかけ、スペインとイタリア、英国への移民が急増した。スペインは289％の伸びを見せ、470万人に、イタリアは170％の伸びを見せ360万人に、英国は66％増えて360万人に達した[5]。このうちLAC出身の移民が最も集まるのがスペインで、彼らの53％にあたる222万人がスペインに住んでいる。続いてイタリアに15％（63万人）、英国に9％（36万8,000人）、フランスに7％（27万9,000人）が居住する。さらにオランダに6％（26万人）、ポルトガルに4％（16万9,000人）が続き、この6か国にラテンアメリカ人住民の94％が集中している[6]。特にスペインにおける激増が注目されよう（図6.3）。

　しかしEU内におけるLAC出身の居住者は累積で増加しているものの、同地域出身の毎年の新規渡航者数はリーマンショック以降減りつつある（後述、図6.4）。

　LAC側から見ると、スペインへの渡航者がLAC出身の移民全体に占める割合が2000年の4.5％から2010年には20％へと増大している[7]。他にイタリアとカナダが人気のある渡航先となっている。

③OECD諸国へのLAC出身移民の多数は女性である

　15歳以上のLAC出身でOECD諸国居住者は男性が女性に対して常に少なく、パナマ人は女性100人に対して男性66.5人、ドミニカ共和国人は同じく女性100人に対し男性72.3人という状態である[8]。他の国々も男性が上回ってい

122

第6章　ラテンアメリカ人移民の変容と国家

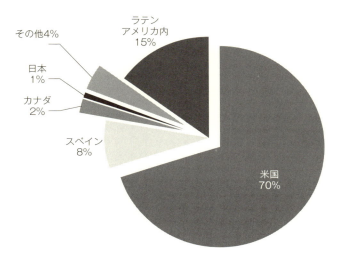

図6.1　LAC出身移民（メキシコ含む）の主たる移住先の割合（2010年頃）

出典：Martinez, Cano and Contrucci（2014）, p.15.

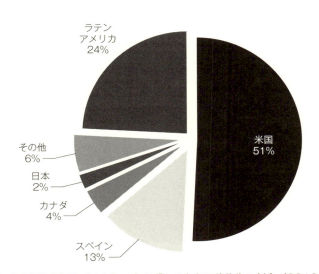

図6.2　LAC出身移民（メキシコ含まず）の主たる移住先の割合（2010年頃）

出典：Martinez, Cano and Contrucci（2014）, p.15.

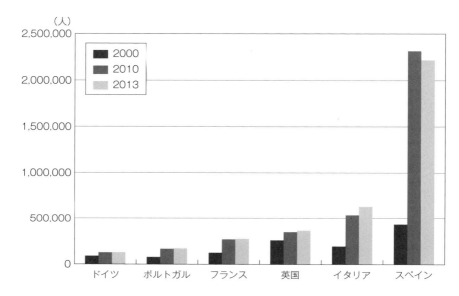

図6.3　EU内におけるLAC出身移民の主な移住先（2000年、2010年、2013年）

出典：OIM（2015）, p.59.

るところは一つもない。こうした違いは各国の産業発達や社会状況が生み出す市場のあり方の違いによっている。たとえば、かつての米国のような場合は、産業が活発化し、建設作業等も盛んであり男性が多く求められていた。これに対し、成熟した社会において個別家庭で家事労働者を必要とするような場合には、ヨーロッパに見られるように女性が求められることが多い。

④年齢層の上昇

2005年から2006年にかけてLAC諸国からOECD諸国への移住者のうち、15歳から24歳という最も若い年齢層が減少し、65歳以上が増えている。

⑤学歴の上昇

移民たちの学歴は上昇している。2000年から2006年までのあいだ、ボリビ

アとウルグアイ以外のすべてのLAC諸国で学歴の低い海外移住者が減少し、高学歴になっている。2012年には専門的知識を持つ高学歴者が3分の1を数えるに至った。これはヨーロッパへの移民全体では義務教育レベルの低学歴の労働者が増大している[9] のと異なっており、出身国からの熟練労働者の流出ないし「頭脳流出」の傾向という見方もできる。人口が少ない中で国外に出て行く割合が高い中米やカリブ海、周辺地域でその傾向が顕著である[10]。

第2節　近年のラテンアメリカ出身移民の移動傾向

　以上のように米国を筆頭とする行き先に加え、スペインを始めとするOECD諸国に多くのラテンアメリカ人たちが向かう基本的構図は続いているものの、ヨーロッパを目指す新規移民の数が減少し、ヨーロッパを出国する比率も増え、同時にLAC域内での移動が増えていることが近年の特色と言える。加えて近年はヨーロッパ市民がラテンアメリカに移民する数が、ラテンアメリカ人がヨーロッパに移民する数を上回っている。

　もともとLAC域内からヨーロッパへの新規渡航者は1998年から2007年にかけて顕著に増大し、2008年からはっきりわかる形で減少し、2009年にはその減少傾向が確実となった。流入がピークの2000年は、前年比205％へと激増したのである。しかし2008年の経済危機は翌年以降のヨーロッパへの新規流入を大きく減少させた[11]。2010年から回復の兆しといわれるも危機前の水準には達していない（図6.4）。また2012年の居住者は、2007年水準から15％減[12] となっている。

　減少の原因について、第一に経済不況による労働市場と給与への打撃が考えられる。また財政緊縮策の一環として移民流入の抑制策がとられていることも影響している[13] という。

　他方、滞在していた国を出て行く例も存在する。ヨーロッパでLAC出身移民の最大の受け入れ国であるスペインの例では、かれらの毎年の出国率は微増傾向にある。2002年から2013年のあいだでの一定時点における出国率はほとん

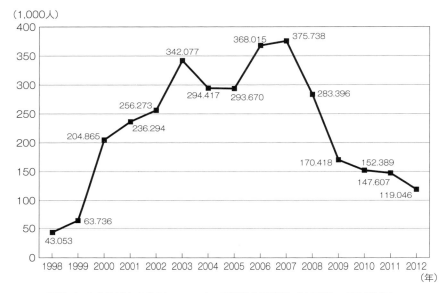

図6.4 LAC域内からヨーロッパへの新規入国者数（1998〜2012年）

出典：OIM（2015），p.56.

どが20％台から40％台と比較的高い印象である。これは出身国への帰国に限らず、他国への移動も含まれているが、移動性が高いことがうかがえる（表6.2）。

上記のようなヨーロッパでの傾向と対照的に、ラテンアメリカ域内での移動は増加している。図6.5が示すように、LAC各国の外国人居住者の中で同じLAC域内出身者の割合は、1970年の24％から2010年の63％へと増大している[14]。

主な受け入れ国はアルゼンチン、ベネズエラ、メキシコ、ブラジルであるが、多くの国にその波は広がっており、このインパクトは主に小さい国が受けている。すなわち上記4か国は人口規模が元々大きく、流入した移民が人口全体に占める割合はメキシコやブラジルにおいては1％未満にすぎない。しかしコスタリカでは外国人住民の人口割合が約9％に達する。2010年のLACにおける外国人居住者は760万人であった[15]が、人口規模が小さい国においてはそうした国際移民の流れが国民の人口構成に大きな影響を持つようになっている。

第6章　ラテンアメリカ人移民の変容と国家

表6.2　LAC出身移民のスペイン出国率推計（2002～2013年）

	2002年1月にスペインに居住していた人数	スペインへの入国者数(2002～2013年)	スペインからの出国者数(2002～2013年)	年ごとの出国率 2005年	年ごとの出国率 2009年	年ごとの出国率 2013年	2002～2013年の一定時点における居住者の出国率（％）
	（A）	（B）	（C）				C／(A＋B)
カリブ海地域	108,300	219,200	57,000	1	3	3	17
中米	38,200	166,300	62,400	2	8	8	31
アンデス地域	611,200	1,216,900	495,400	1	4	5	27
コーノ・スール（南米南部）	218,700	668,100	333,700	1	7	7	38
メキシコ	22,500	56,400	30,700	2	9	9	39
エクアドル	259,800	334,200	149,600	1	3	5	25
ブラジル	39,500	198,600	106,800	2	11	11	45

出典：OIM（2015），p.72より抜粋。

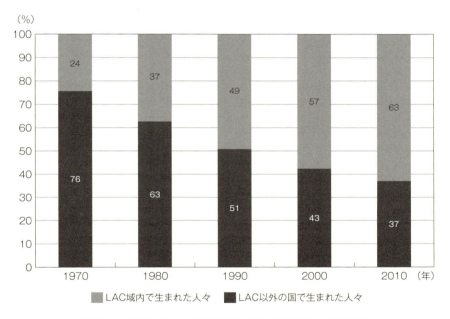

図6.5　LAC域内外国人居住者の出身地（1970～2010年）

出典：Martínez, Cano and Contrucci（2014），p.13．

127

第3節　国外移民をめぐる政策：ブラジルの例から

　さて、ヨーロッパ共同体の統計によれば、ラテンアメリカ出身者の動きの中に多数ではないが、帰還を選ぶ移民も確実に一定程度存在しているという[16]。

　またブラジルなどのように国外へ送り出した移民を本国に呼び戻す動きも生じている。日本におけるブラジル人減少の背景にはそうした政策も存在する。

　移民の呼び戻し政策にはどのような意図があるのだろうか。移民の帰国は大きな流れになりうるのだろうか。海外ブラジル人コミュニティの扱いはグローバル化に自国の発展をどう結びつけるかを模索する、政府の発展戦略の一つでもある。本節では、ブラジルの海外人口の動きと政府の政策を概観し、グローバル化と人の国際移動に対するラテンアメリカの課題を検討する。以下、ブラジルが近年発表している統計資料「世界のブラジル人（Brasileiros no mundo estimativas）」[17] をもとに、考えてみよう。

3.1　世界におけるブラジル人の分布（2008年発表）

　ブラジル外務省は2008年に初めて前年の海外ブラジル人の数の推計を発表した。これは大使館領事館によるパスポート発行やそれ以外の種々の記録をもとにした「推計」であり、最多数と最少数ではかなりの差がある国が多い。また同省は在外ブラジル人の約半数が非正規滞在者に当たると推計しており[18]、滞在国側が把握する数値とは一致しない。実際、ブラジル外務省発表の数字は国勢調査をもとにした前掲のものと大きく異なる。しかし、海外に住むブラジル人の動きを知るため、仮にその数を「海外ブラジル人」と呼び、その動向を概観する。

　2007年の海外ブラジル人の総数は206万人から374万人のあいだという多数に達していた。北米が最も多く87万人から153万人、南米31万人から77万人、ヨーロッパ30万人から101万人、アジアに32万人ほど、中東は3万人から7万人、オセアニアに1万3,000人から1万9,000人、アフリカに7,000人から1

第6章　ラテンアメリカ人移民の変容と国家

万6,000人、中米が4,000人から7,000人という分布であった[19]。

　国別に政府機関の推計を概観すると、北米ではやはり米国が圧倒的で124万人を数える。南米ではブラジルと国境を接して行き来が盛んなパラグアイに48万7,500人、次いで日本の31万人が続く。ヨーロッパでは英国、ポルトガル、イタリア、スペインにそれぞれ15万人、14万7,500人、13万2,000人、11万人が滞在している[20]。スペインは2位ではないものの、人気のある諸国に入る点で先の調査とほぼ一致している。スペインの場合、滞在者の3分の2は非正規の滞在であると見なされている[21]。際立っているのは、アジアに滞在するブラジル人人口の90%以上が日本滞在者となっていることである。日系ブラジル人としての定住資格による正式な滞在であるため、この数字は正規滞在者としての実数を比較的正確に反映していると思われる。

3.2　増加の一方でリーマンショックの影響（2008年から2011年）

　海外ブラジル人数総計は1年後の2008年は304万人、2010年報告書には312万人と増加していく。米国では、2008年には132万人、2010年には143万人にまで達した。大きな影響を与えたのはリーマンショックである。世界各国に景気の減速が見られ、アフリカ、アジアでブラジル人の人口が減少を見せている。日本では景気の急速な悪化により、非正規労働者の雇用が短期間で悪化した状況もあり、ブラジル人の数は減少している。しかし米国とヨーロッパでは一部減少した国はあるものの、総計としては増大している。

　ヨーロッパでは2007年と2008年を比較してブラジル人が増加したのはドイツで4万6,000人から8万9,000人、イギリスで15万人から18万人、スペインで11万人から12万5,000人、フランスで3万人から6万人などである。しかし減少が見られる国もある。イタリアでは13万2,000人から7万人と激減している。ヨーロッパ合計では77万人から82万人、さらに2010年には91万人に増加している（図6.6）。

　南米に目を移すと、ブラジル人の数は、2008年から2009年にかけアルゼンチン、ボリビア、スリナム、ウルグアイ、ベネズエラで増大傾向の一方で、パ

129

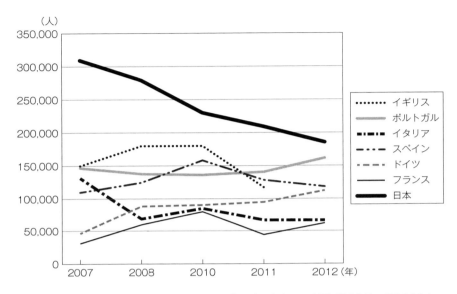

図6.6 日本とヨーロッパ主要国におけるブラジル人人口の変遷（2007〜2012年）

出典：Brasileiros no mundo（2008, 2009, 2011, 2012, 2013）より作成。

ラグアイは大幅減となっていた。南米全体の合計では2008年の61万人から翌年の51万人、2010年の41万人と減少基調であった。

　日本もブラジル人が減少に転じた国の一つである。2007年には30万人を超えていた日本のブラジル人の数は2008年に28万人台と減少に転じた。さらに追い討ちをかけたのが、2011年3月の東日本大震災であった。地震による被害に加え、福島原発の事故も外国人住民に大きなショックを与え、滞日ブラジル人の数は翌2012年には18万6,000人と大きく減った。

3.3　2012年から今日の変化

　その後、2011年以降の動向を見ると、全体として海外ブラジル人は255万人から2012年の280万人へと増加している。地域別に見ると、北米と日本では減り、日本では2016年には約17万人となった。ヨーロッパと南米域内では増加

第6章　ラテンアメリカ人移民の変容と国家

表6.3　EUに住むLAC出身者国別人数（2013年）

出身国	EUのどれかの国に住む 当該国の出身者人数	EUに住むLAC出身移民 全体に占める割合（%）
ブラジル	580,853	14
エクアドル	563,784	13
コロンビア	498,076	12
アルゼンチン	402,063	10
ペルー	344,127	8
ベネズエラ	256,409	6
スリナム	215,355	5
ボリビア	211,554	5
キューバ	172,283	4
ジャマイカ	149,674	4
チリ	137,435	4
メキシコ	98,534	2
ウルグアイ	95,379	2
パラグアイ	92,251	2
LAC28か国のうち上記以外の国々	395,101	10
合計	4,212,878	100

出典：OIM（2015）, p.61.

している。しかしその内訳は、同じ域内でも減少する国もある一方で、増加する国もあり、一定した傾向は見られない。

　ヨーロッパでブラジル人が増えているのがドイツ、ポルトガル、スイス、フランス、オーストリア、ベルギーで、減っているのは、スペイン、アイルランドなどである。実はヨーロッパにおけるLAC出身移民の中で最も数が多いのがブラジル人で58万人、14％を占めている（表6.3）。

　他国を抑えての多さを見れば伝統的にブラジル人の移住は国内農村や国内都市に向かうものであったが、次第に先進国の都市に向かっているという指摘[22]を裏付けているように見える。

　しかしLACに目を転じると、パラグアイ、アルゼンチン、ベネズエラ、メキシコとブラジル人が増加する国々もある一方で、ボリビア、ウルグアイなど減少する動きもある。パラグアイは、2011年に20万人台だったブラジル人が

131

2012年では46万人と劇的な増加で全体の数値を押し上げているが、隣国の安い農地を購入して移住する動きであり、EUなど先進国への移民とは性質が異なっているようだ。

そして特徴的なのは海外ブラジル人の中で女性が多数を占めることであり、たとえばスペインでは60%となっている[23]。これらを合わせて考えると、海外ブラジル人は滞在先だけでなく、男女の割合も変化しつつあり、その目的や形態も多様化していると言えるのではないか。

この統計は、先に挙げた日本に関する数値はほぼ妥当に思われる一方で、パラグアイでの劇的な増減や、アフリカのアンゴラでの急増など、変化が急すぎるように思われる場合もあるが、日本とアメリカ、またヨーロッパでも見られるブラジル人居住者の帰国ないし出国の傾向は示している。これらから国際移民の動きと各国の政策に関して何を読み取ることができるのか、各国の例を参照しつつ考えてみたい。

3.4　ラテンアメリカへの移民帰還：滞在国側の政策

このように経済危機等でラテンアメリカ出身者の帰郷が見られはじめているが、その背景で滞在国と出身国が移民に帰還を促すための政策をとっていたことも無視できない。それらは移民の流れに一石を投じようとするものであったがどんな成果を示しているだろうか。

たとえばスペインとチェコスロバキアは自発的に帰還を促すためのプログラムを開始している。2008年からスペインは「外国人への事前給付制度（Programa de Abono Anticipado de Prestación a Extranjeros）」を承認したが、これは失業給付を受け故国に帰ることを決断した人々向けのもので、正規の滞在資格を持ち、スペインと二国間協定を結んでいるラテンアメリカの国々の国籍を持っていなくてはならない。申請が認められれば、失業給付をスペインで40%、故国で60%と分割して受け取ることができる。この制度を利用すると、1回目の給付を受けてから3年以内はスペインに戻ってくることはできない。また国際移住機関（OIM）も補助的制度として「自発的帰国支援制度

第6章　ラテンアメリカ人移民の変容と国家

（Programa de Retorno Voluntario Asistido）」を設けている。

　前者の制度を利用した数は初年度で8,724人と受益可能な人々の10%に満たなかったが2年目には倍増した[24]。後者は166か国で展開され、2008年で計2万人、2010年に3万4,000人が利用したという[25]。2003年から2009年にかけ約1万人のLAC出身者がこの制度で帰還したとのことである。そのうちボリビア出身者が22%、アルゼンチン出身者が15%、ブラジル出身者が10%を占めていたという[26]。

　このように利用者が思いのほか少なく、人々が滞在国に残った理由として、ビザ取得がますます難しくなっているため再度の入国が難しいと考えられること、家族がすでに現滞在国にいること、そしてスペインが難しいならEU内の他のヨーロッパ内の国に行くことができること、が考えられている。

　他方日本ではブラジル人労働者が急減しているのは前述のとおりである。こちらは、前代未聞の地震、原発事故、そして続く経済不況がその大きな要因であろう。日本政府が設けた帰国支援制度を利用した人々もいた。人数は平成22（2010）年4月1日から1年間のあいだに2万1,675人、うちブラジル人が2万53人で利用者の92.5%を占めていた[27]。この数字は当時のブラジル人の滞在者数24万人前後の10%に達しておらず、ヨーロッパの場合と同様、この種の政策の利用者数が少ないことを示している。これらの事実から、海外ブラジル人は多くの場合帰国支援制度があっても帰国しない人の方が多数であり、定住化、そして永住へと向かう集団を形成していくだろうと考えられる。

3.5　ブラジルの海外移民政策：出身国の政策

　上記のような受け入れ国による移民の自発的な帰国支援制度のほか、出身国でも海外移民とつながりを深めたり、かれらの帰国を促進しようとするケースがある。

　こうした動きは1990年代から2000年代にかけ、国際的潮流と歩調を合わせるかのように、LACの移民政策が変化してきたことを背景としている。たとえば1990年代頃から人身売買の防止や移民の権利保護を目的とする国際機関

として国際移住機関（International Organization for Migration, IOM、スペイン語ではOIM）がその役割を活発化させているが、この頃からラテンアメリカではいくつもの国がそれまでの政策を改め、二重国籍を認めたり、在外同国人の投票を導入したり、様々な支援プログラムを作るなど、海外移民と出身国の関係を深める政策を行うようになっている。1990年にメキシコは「在外メキシコ人コミュニティ支援プログラム（Programa para las Comunidades Mexicanas en el Exterior）」を作り、1996年には二重国籍を認め、2000年代には担当庁を組織した[28]。コロンビア、ペルー、アルゼンチンでも類似の取り組みを行い、2000年代には在外国民のコミュニティ支援を行うようになった[29]。ペルーは2004年に海外ペルー人の帰国と社会への再統合を目指す法律「移民促進法」で税制面の優遇を与え、ペルー国内で専門的また起業的活動をするよう促し[30]、2006年からは在外ペルー人の日（10月18日）を定め、母国と在外ペルー人のつながりを発展させようとしている。ウルグアイは2008年に「移民法」により、国内に居住する外国移民の権利保障を宣言すると同時に海外ウルグアイ人との関係を深め免税措置を与えて帰国を促している[31]。コロンビアは2009年に「積極的帰国計画」を制定、在外コロンビア人が海外で獲得した知識、経験、技能を国の発展に活用することを目指している[32]。

　ブラジルは2010年前後から海外移民に対し帰国を呼びかけており、また海外コミュニティとの関係を深める政策をとっている。2010年6月15日付の政令7214号[33]で、初めて海外ブラジル人コミュニティに関する政策方針を公布した。第1条にその原則として、二世まで含めて教育、保険、就労、社会福祉などのサービスを提供し、受け入れ国におけるブラジル人コミュニティの貢献を知らしめ当該国の社会に調和させること、海外ブラジル人コミュニティの潜在力をブラジルの発展に役立てること、ブラジル国内の移民政策と海外のブラジル人コミュニティ政策とを連携させること、等と述べている。

　第2条では、海外コミュニティへのサービス向上のため、文書や情報管理制度を改善し、定期的会議を持つなど政府と海外コミュニティ間の関係を深める領事館の役割を拡大するとしている。

第6章　ラテンアメリカ人移民の変容と国家

　第3条から第4条では毎年世界ブラジル人会議（Conferência Brasileiros no Mundo, CBM）を開催することとし、海外ブラジル人コミュニティから60人までを招待するほか、有識者なども呼び、政策形成や政策実行に役立てる。第4条では、正式委員16人と補助メンバー16人からなる、「海外ブラジル人コミュニティ代表評議会（Conselho de Representantes de Brasileiros no Exterior, CRBE）」が組織され、上記の会議を準備するほか、海外ブラジル人コミュニティに関わる事柄について外務省に助言をする。補助メンバー16人は、中南米4、北米カリブ4、ヨーロッパ4、そしてアジア・アフリカ・中東・オセアニア合わせて4という人数と定められており、海外ブラジル人の選挙によって選ばれるという。

　また様々なプログラムを通じて帰国を支援している。労働省を通じた小規模融資、小規模農業者への技術近代化や指導等への出資、移民女性への起業用融資、手工業や観光その他女性への支援、低所得の帰国者の住宅購入への補助、人身売買被害者や同性愛者など脆弱な人々への支援など[34]である。

　新大陸の「発見」以来、ポルトガルによる植民地化を経て19世紀に独立したブラジルは、欧米や日本など多くの国々から移民を受け入れ「移民国家」として今日に至る歴史を持つ。しかし、今や海外に住むブラジル人は200万人を超えている。こうした法律の制定は、国際的な潮流にも影響されて、ブラジルが国際的な人の移動、特に海外への移民増大に対応せざるを得なくなったことを示している。人権的見地からの保護、社会経済的見地からの帰国促進、帰国後社会への再統合の支援、これらに加え、さらに海外移民が持ち帰る多様な資本を自国の経済発展に活用することまで視野に入れている。

　その背景には海外移民の経済力がある。海外移民によるラテンアメリカの送金受け取り額は、2006年には534億ドルにのぼり、多くの国では海外からの直接投資額や開発援助額、観光収入を上回る[35]。海外からの送金は一国の経済の中で無視できない部分を占めつつあるのだ。

　海外移民は出身国側では、「裏切り者」「アウトサイダー」といった見方から、むしろ個人の能力を生かす機会を求めることができ、地元に金や知識、技

135

術をもたらすルートとしてのイメージも持たれるようになっている。しかし滞在先の国では常に諸手を上げて歓迎されるわけではない。国家を基盤とする「シティズンシップ」はその概念の拡大を迫られている[36]とはいえ、現実には、開発の水準の違いによる障壁や国家が課す障壁があり、非正規な状態での滞在も多く、その狭間に陥った人々にとって就労状況や生活条件が悪化してしまう例は多い。こうした状況と自国の経済発展との両方の課題への取り組みとして、在外国民との関係深化や帰国を促す政策がとられてきたと考えられる。

第4節　ラテンアメリカにおける国際移民と国家の役割

　かつて征服により「新大陸」としてヨーロッパ人の植民先となったラテンアメリカでは、ヨーロッパは土地貴族や成功した事業家が滞在したり留学に子女を送り出したりする場であった。

　アメリカ大陸の外が、エリートと富裕層以外にも手の届く場所となっていったのは、第二次大戦後、とりわけ1960年代以降である。大戦後、高い出生率、改善された医療保健状況の中で、ラテンアメリカは高い人口増加率を維持してきた。若年人口が増えたにもかかわらず、産業発展がこれらを吸収できなかったことから大量の労働人口が余る状態となっていく。そのなかで、故国の政治や経済の混乱の余波を受け、国外への移民となることを選択する人々も多かった。1960年代にはカリブ海においてはキューバ革命やドミニカ、グレナダの騒乱があり、南米諸国の軍事独裁も拡大した。政治経済の混乱や貧困からの脱却を求めて多くの人々が出国した。

　1970年代、1980年代の中米諸国での内戦激化また経済の混乱は、そうした国外への移民をさらに増大させる要因となった。行き先も多様化し、アメリカ大陸内での他国だけでなく、より所得水準が高いヨーロッパ諸国や1980年代以降の日本もその行き先となっていく。その人口は年々増大し、全世界で3,000万人に迫る勢いとなっていること、その一方で帰国を促す動きもあることは前節で述べたとおりである。まさにラテンアメリカにおいても人を含めた

第6章　ラテンアメリカ人移民の変容と国家

「国際移動の時代」が現出しつつある。

　これと国との関係をどのように考えるべきだろうか。

　こうした大量かつ激しい国際移動は、これまでの「移民」「祖国」「帰国」という概念を揺り動かし、「国境」という概念に対し大きな挑戦を突きつけている。日本のブラジル人コミュニティではブラジルに送金し、ブラジルの情報を衛星テレビで入手し、ブラジルの食品を入手している。ソーシャルネットワークで人々とのつながりを保っており、季節ごとの渡航や一定の時期をおいての再渡航などが頻繁に見られる。国際的な移民は、全員とは言えないまでもかなりの割合で出身国との関係を様々な手段で保ち続け、その生活は大きく影響を受けている。彼らは経済的にも、社会的にも、また文化的にも出身国との結びつきを強めようとしている。いわゆる「トランスナショナルな社会フィールド（campo social transnacional）」として、新たな時空間を形成している[37]と考えられよう。そのため古典的な意味での「出国」や「帰国」が持つイメージがあてはまりにくくなっている。

　しかしながら、こうした人々が増えているとはいえ、最終的に彼らを保護し、人権の保障に努め、社会への統合を促す働きをしているのはやはり国家という存在に他ならない。ラテンアメリカ各国が模索してきた様々な政策はその努力を示している。国が奨励する移民帰還政策はこれまでのところ大きなインパクトを持ち得ておらず、大部分の移民は受け入れ先の国に時間をかけて定住する方向へ向かうと考えられる。また2015年のヨーロッパへの北アフリカや中東からの急激な移民流入のようなケースはまさに国家としての対応が求められる。様々な過程にあるかれらを様々なアプローチで保護や統合の対象として働きかけていく決定的な役割を担うのは送り出し国であれ、受け入れ国であれ、国家が最重要のものとなろう。

　国家は「一定の領土とそこに居住する人々からなり、統治組織を持つ政治的共同体」（大辞泉）である。国家が国境を管理し出入国をコントロールすること、社会の統治を行うことは当然であろう。「ブレグジット」と「トランプ大統領の誕生」は、グローバリゼーションの波に抗する存在としての国家を提示

し直したものと考えられる。独立と民族自決を支える枠組みとしてある国民国家は、異なる文化を有する住民を含め、現在も国民を保護する究極の存在であり、その機能なくして人権は保障されない。実際に異文化の人々と様々なかかわり合いを持つのは地域社会、市民社会であるが、地域社会が十分に役割を果たすためにも、信頼性ある国としての政策をしっかりと確立する必要がある。

　ラテンアメリカでは、移動する人々がもたらす資本に国が着目する動きもある。国外に出た人々がもたらす多額の送金はもちろん、これまで述べてきたように帰国の資金を支給したり、帰国した人々の起業を助けるような多様な融資策なども用意されてきた。ただしそうした策について、福祉的な援助か、または自営業を促すかという二つが主流で個人のニーズを満たすのみで、体系化されていないという批判もあり[38]、帰還する移民のもたらす経済的かつ人的資本を国の発展に生かすためには、さらなる研究と取り組みが必要だろう。

　ラテンアメリカは移民の受け入れと送り出しと両方を経験する地域となりつつあり、国際移民の研究対象として重要な意味を持つと考えられる。現象としてのボーダーレス化とそれを基底で支える国家の存在とを見つめ、冷静な分析のもと、より良い政策を追求することがこれからの研究者に求められるだろう。

注

(1) Jorge Martínez Pizarro, Verónica Cano Christiny and Magdalena Soffia Contrucci（2014）*Serie Población y Desarrollo No.109 Tendencias y patrones de la migración latinoamericana y caribeña hacia 2010 y desafíos para una agenda regional*, CEPAL.

(2) Ibid., p.12.

(3) Ibid., p.13.

(4) Ibid., p.15.

(5) OIM（2015）*Dinámicas migratorias en América Latina y el Caribe（ALC）, y entre ALC y La Unión Europea*, OIM Oficina Regional para el Espacio Económico Europeo, la Unión Europea y la OTAN, p.57.

第6章　ラテンアメリカ人移民の変容と国家

(6) Ibid., p.57.

(7) Martínez, Cano and Contrucci, op, cit., p.16.

(8) Ibid.

(9) United Nations and OECD (2013) *World Migration in Figures*, 3-4 October 2013, p.3.

(10) Ibid., p.5.

(11) OIM, op. cit., p.62.

(12) Ibid., p.63.

(13) Martínez, Cano and Contrucci, op. cit., p.16.

(14) Ibid., p.13.

(15) Ibid., p.12.

(16) OIM, op. cit., p.71.

(17) Ministério das Relações Exteriores (2008, 2009, 2011, 2012, 2013) "Brasileiros no Mundo: Estimativas" より。

(18) 田島久歳 (2010)「ブラジル人ディアスポラ概観：国内・隣国・その他の地域への人口移動の変遷」中川文雄・田島久歳・山脇千賀子 (編著)『ラテンアメリカン・ディアスポラ』明石書店、208頁。

(19) Ministério das Relações Exteriores (2008) "Brasileiros no Mundo: Estimativas", p.5.

(20) Ibid., p.10.

(21) Leonardo Calvacanti and Sonia Parella (2012) "Entre las políticas de retorno y las prácticas transnacionales de los migrantes brasileños. Re-pensando el retorno desde una perspectiva transnacional", *Crítica e Sociedade: revista de cultura política*, v.2, n.2, Dossie: Cultura e Política, dez. p.118.

(22) 田島、前掲書、202頁。

(23) Calvacanti and Parella, op. cit., p.118.

(24) OIM, op. cit., p.73-74.

(25) Ibid.

(26) Ibid.

(27) 厚生労働省「日系人帰国支援事業の実施結果」http://www.mhlw.go.jp/bunya/koyou/gaikokujin15/kikoku_shien.html (2017.07.31)。

(28) 2002年頃から「海外メキシコ人コミュニティ国家審議会」を手始めに法律や組織が整備された。Diario Oficial DOF 08-08-02. https://sre.gob.mx/component/

139

phocadownload/category/2-marco-normativo?download=49:acuerdo-por-el-que-se-crea-el-consejo-nacional-para-las-comunidades-mexicanas-en-el-exterior-dof-08-08-02（2017.08.01）; Instituto de los Mexicanos en el Exterior（IME）"¿Qué hacemos?" https://www.gob.mx/ime/que-hacemos（2017.08.01）.

（29）山脇千賀子（2010）「ラティーノの可能性：出移民地域としてのラテンアメリカをめぐる国際的取り組み」中川文雄・田島久歳・山脇千賀子（編著）『ラテンアメリカン・ディアスポラ』明石書店、268頁。

（30）Ley No. 28182.（Ley de Incentivos Migratorios）2008年。http://www.mintra.gob.pe/migrante/pdf/ley_incentivos_migratorios.pdf（2017.08.01）

（31）Ley No. 18250（Migración Normas）2008年。https://legislativo.parlamento.gub.uy/temporales/leytemp 9601693.htm（2017.08.01）

（32）La Política Integral Migratoria y el Plan de Retorno Positivo, 2010. http://www.cepal.org/celade/noticias/paginas/8/41138/05cvallejo.pdf（2017.08.01）

（33）Decreto No. 7.214, de 15 de junho de 2010. http://www.planalto.gov.br/ccivil_03/_ato2007-2010/2010/decreto/d7214.htm（2017.08.01）

（34）Calvacanti and Parella（2012）, p.120.

（35）山脇、前掲書、268頁。

（36）江原裕美（2010）「グローバル化における国際教育と『多文化共生』」日本国際教育学会創立20周年記念年報編集委員会（編）『国際教育学の展開と多文化共生』学文社、27頁。

（37）Calvacanti and Parella, op. cit.

（38）Ibid.

第7章

ブラジルにおける
外国人移民と教育課題

サンパウロを中心に

二井 紀美子

はじめに

　ブラジルは、民族的文化的多様性に富んだ国である。肌の色も、髪の色も、瞳の色も実に様々で、ブラジル人の容貌を一つのイメージに固めることはできない。これは、ブラジルが、1500年にポルトガル人カブラルによって「発見」されて以来、およそ500年ものあいだに多様な外国人・移民を受け入れてきた結果である。現在、人口約2億人のブラジルでは、移民とその子孫が話している言語は少なくとも35を数え、さらに180もの先住民の言語が存在すると推計されている[1]。本章では、移民社会ブラジルを理解していくために、ブラジル社会の歴史的な移民背景について確認した上で、新たなブラジル入国移民に焦点を当て、ブラジル社会の受け入れの状況と教育課題を探っていく。

第1節　ブラジルに居住する移民の社会的・文化的背景

1.1　移民受け入れの歴史

　ブラジルは、時代ごとに多様な人々を受け入れて発展してきた。

　1500年の「発見」当時、ブラジルの地に居住していたのは、先住民であった。その数は、数百万とも数千万とも言われている[2]。ブラジルへの最初の集団的な移民は、ポルトガル人によるものであり、1530年のマルチン・アフォンソ・デ・ソウザによる本格的植民地開発から始まった。1549年に総督制が敷かれ、ブラジルのバイーア州サルバドールに総督府が設置されたのに伴い、ポルトガル人のブラジルへの移民が広がった。

　ポルトガル人は先住民社会との接触を試み、教育を通じて先住民を「良きキリスト教徒」に変えようとしたり、奴隷化して服従させようと試みた。しかし先住民側の拒絶・抵抗にあったり、免疫のなかった伝染病が大流行して先住民人口が激減したため[3]、先住民に労働力を期待することは難しくなった。

　そのため、1570年代以降、奴隷貿易によるアフリカ人の「輸入」が奨励さ

第7章　ブラジルにおける外国人移民と教育課題

れ、先住民に代わる労働力として、多くのアフリカ人が奴隷としてブラジルに渡ってきた。1550年から1855年までのあいだ、ブラジルには少なくとも400万人の奴隷が輸入されたという。アフリカ人は、ブラジル社会の労働力として不可欠な存在になっていった。それは、農園で働く人々の変化にも如実に表れている。たとえばバイーア州のある大農園では、1574年アフリカ人奴隷は奴隷総数の7％にすぎず、大半が先住民奴隷であったが、1591年にはアフリカ人奴隷の割合は37％へと増加し、1638年にはすべての労働力がアフリカ人とその子孫のアフリカ系ブラジル人で占められたほどであった[4]。また植民地時代（1500 ～ 1822年）はポルトガルの法により、ブラジルへの外国人の入国が禁止されていたことから、植民地時代末期のブラジル社会は、黒人や黒人と白人の混血人（ムラート）の人口を多く抱えていた。

　それが大きく変わるきっかけとなったのが、19世紀後半の国際的なコーヒー需要の高まりと、1888年の奴隷制の廃止、そして社会の「白人化」要求の高揚であった。

　奴隷制が廃止されると、アフリカ系の黒人奴隷に代わる労働力が必要となった。特にブラジル南東部のサンパウロを中心にコーヒー栽培が盛んとなっていたため、南部・南東部では労働力不足の解消が喫緊の社会課題であった。

　また、19世紀のブラジルでは、ブラジル社会の人種混淆は堕落につながり、ブラジルの後進性の原因であると考える知識人や政治家が多く存在した。そこで、19世紀後半から20世紀初頭にかけて、優生学者たちは、後進性の解決策として「白人は生殖能力が優れており、遺伝子的にも優位にある」との信念に基づいて、白人と非白人の混血を通した「白人化」を主張した[5]。この白人化は、ブラジル移民政策の主要な基礎となり、ブラジル政府は過剰労働力が生じていたヨーロッパに労働者を求め、補助金支給などを行ってヨーロッパからの移民獲得に動いた。

　その結果1880年代からサンパウロなどへのコーヒー農園に、ポルトガル、イタリア、スペイン、ドイツなどのヨーロッパ系移民が導入された。大量移民時代の始まりである。1887年から1930年までのあいだにブラジルには約380

143

表7.1 1850〜1920年代の移民受け入れ数（ブラジル全体）

年代	受け入れ数
1850年代	11万7,000人
1880年代	52万7,000人
1890年代	120万人
1900年代	64万9,000人
1910年代	76万6,000人
1920年代	84万6,000人

出典：KREUTZ, Lúcio（2000）"A Educação de Imigrantes no Brasil", LOPES, Eliane Marta Teixeira et al（orgs.）*500 anos de Educação no Brasil*, Belo Horizonte: Autêntica, p.351より筆者作成。原出典：CARNEIRO, José Fernando（1950）*Imaginação e colonização no Brasil*, Rio de Janeiro: Universidade do Brasilおよび SCHORER PETRONE, Maria Tereza（1982）*Imigrante e a pequena propriedade*, São Paulo: Brasiliense.

表7.2 サンパウロ州の国籍別年代別外国人人口

年代＼国籍	ポルトガル	日本	イタリア	スペイン	ドイツ	その他	合計
1888年	9,853	—	13,384	1,003	4,838	7,747	36,825
1920年	167,198	24,435	398,797	171,289	11,060	57,072	829,851
1940年	155,251	128,957	213,091	121,162	33,397	110,133	761,991
1980年	174,089	89,361	60,280	57,369	15,474	126,871	526,444*

出典：DEMARTINI, Zeila de B. F.（2004）Imigração e educação: discutindo algumas pistas de pesquisa. *Pro-Posições*. v.15, n.3（45）, p.217. 原出典: Governo do Estado de São Paulo e Fundação SEADE（1991）. *Atlas da População do Estado de São Paulo.*＊原文ママ。

万人の外国人が流入した。表7.1を見ると、奴隷解放前の1850年代に比べ、解放後に著しく移民受け入れ数が増えたことがわかる。最も多くの移民を受け入れているサンパウロ州では、1888年には3万6,825人だった移民が1920年には22倍以上の82万人まで急増した（表7.2参照）。コーヒー農園の労働者として移民してきた中でも最も多かったのがイタリア人であった。しかし、1897〜1903年に、コーヒーの生産過剰により輸出価格が暴落すると、コーヒー農園で働く労働者への賃金は未払いとなり、移民の生活は困窮した。この事態に移民の母国であるヨーロッパ諸国が自国民の送り出しを禁止していった結果、イタリア移民に代わるコーヒー農園の労働者として日本移民が1908年から導入されるようになり、1941年までの戦前に約19万人が日本からブラジルに渡っ

第7章　ブラジルにおける外国人移民と教育課題

た[6]。またそれ以外にも、1904年から1930年にかけて宗教的理由等から、シリア・レバノンなど中東から10万人を超える人々が政府補助を受けない自発的な移民としてブラジルの都市に集中して入国した[7]。このように、19世紀から20世紀初頭にブラジルの南部や南東部を中心に様々な移民を受け入れたことで、白人化が一気に進むとともに[8]、ブラジルの民族的・文化的多様性が一挙に拡大した。

　しかし、1930年を境に労働力としての移民流入は減少し始めた。その背景には、1929年の世界恐慌の影響でブラジル経済が停滞し大量の失業者が生まれたことと、それにより1930年に革命によって誕生したヴァルガス政権が、ナショナリズムを強調し、外国人移民を制限したことが関係していた。1934年には各国移民の数を1884年から1933年までの50年間の定着数の2%に制限するという移民二分制限法が可決され、日本人移民も1935年以降急減した。

　1930年代には、ブラジルでは徐々に人種観に変化もみられるようになった。白人至上主義から人種民主主義に移行していったのである。1933年のジルベルト・フレイレの著作『大邸宅と奴隷小屋』は、それまでの白人至上主義社会では侮蔑的な意味を含んでいた人種混淆の概念を、ブラジルという国家にとっての肯定的な特徴であると同時にブラジル文化の最も重要な象徴に変えたといわれている[9]。ブラジルには人種主義は存在しておらず、人種的・文化的融合がブラジルの特徴で美点であるという考えは、ブラジル社会に広く長く支持された。

　1940年代から1970年代にかけては、海外からの移民（国際移民）が減少し、ブラジル北部・北東部からサンパウロやリオデジャネイロの南東部への人口移動（国内移民）が増えた。

　軍事政権（1964 ～ 1985年）が終わり、ブラジル国内の経済状況が混沌とした1980年代からは、ブラジルから国外に出ていく移民が目立ち始めた。1980年代はブラジルから米国への移民が急増し、1990年代には日本の入管法改正に伴い、日本への「デカセギ」の流れが生まれた。各国にあるブラジルの大使館・領事館の登録者数に基づく在外ブラジル人の人口は、2015年の統計によ

145

ると約308万人で、国別では米国（141万人）、パラグアイ（33万人）、日本（17万人）、英国（12万人）、ポルトガル（11.6万人）と続いている[10]。

　ブラジルに入国する移民にも近年新たな動向の波が起きている。ボリビアなどの南米諸国や中国・韓国などからブラジルを目指す移民が増加し、またハイチやアフリカ諸国からの難民も増加している。

　このような歴史の流れの中で、現在ブラジルではトゥピ・グアラニー族など今もアマゾン地域に保護区を持つ先住民、旧宗主国であるポルトガル系、奴隷貿易によりアフリカ大陸から来たアフリカ系黒人、18世紀後半から19世紀初頭に奴隷制廃止後の労働者不足を補うために受け入れたヨーロッパやアジアなど様々な国からの移民、そして21世紀に入り新たにヨーロッパやアジア、南北アメリカ、アフリカなど世界中から来たビジネスチャンスを求める移民や安定した生活を求める難民など、様々なルーツをもつ人々が居住している。

1.2　移民の定義と数

　ブラジルでは、滞在期間90日を超える一時滞在査証および永住査証を所持する外国人は、ブラジル入国後30日以内に連邦警察で外国人登録および外国人身分証明書の発給申請を行うことが義務づけられている。

　図7.1の連邦警察の調査によると、2015年に新規に外国人登録をした者は11万7,745人で、2006年の4万5,124人に比べ、10年で2.6倍に増えている。国籍別では、2014年に引き続き、2015年もハイチが最も多く、1万4,535人を占めた。ハイチ人の外国人登録者は、2011年は481人であったことから、近年急増していることがわかる。ハイチからブラジルへの人口移動は、死者31万人を超えた2010年のハイチ地震発生に起因しており、これらの被災者を難民として受け入れる措置をブラジル政府が講じたため、ハイチからの入国者が増えている。ハイチに次いで2015年の新規外国人登録者数が多かったのは、ボリビア人で8,407人であった。こちらも2014年に続き2番目に多かったのだが、1万2,465人だった2011年と比べると減少した。ボリビア移民は、就業目的で入国するため、ブラジルの景気後退や失業率の高さの影響を受けやすいといえる

第7章　ブラジルにおける外国人移民と教育課題

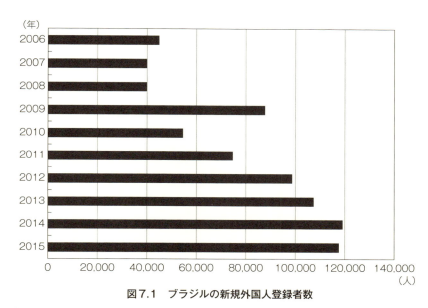

図7.1　ブラジルの新規外国人登録者数

出典：VELASCO, Clara, MANTOVANI, Flavia（2016）"Em 10 anos número de imigrantes aumenta 160% diz PF".
[http://g1.globo.com/mundo/noticia/2016/06/em-10-anos-numero-de-imigrantes-aumenta-160-nobrasil-diz-pf.html, 2017年6月18日閲覧]．原出典：Policia Federal。

だろう。

　連邦警察の調査によると、2015年3月時点で、184万7,274人の外国人がブラジルに居住しており、そのうち永住者が118万9,947人、一時滞在者が59万5,800人、申請中が4万5,404人、難民が4,842人等となっている[11]。

　しかしブラジルに居住する移民の正確な数を知るのは難しく、統計ごとに大きく数字が異なっている。たとえば2011年のボリビア移民の数を見てみると、法務省の発表では5万640人であるが、在サンパウロボリビア領事館の推計では35万人以上[12]と大きな違いが生じている。正しく実数を把握することは非常に困難であると言わざるを得ない。

　国勢調査を実施するブラジル地理統計院では、「国際移民（imigrantes internacionais）」の定義を、国勢調査の5年前に外国に住んでいたが調査実施時にはブラジルに居住している者（国籍は関係しない）とし、その中でブラジ

147

ルで生まれた者を「帰国移民（imigrantes internacionais de retorno）」としている[13]。

　ブラジルに居住する国際移民は国勢調査の実施された2000年から2010年のあいだに14万3,644人から26万8,201人まで増加した。増加率は86.7％であった。2010年調査によると、国際移民の主な出身国と人数は、米国（5万1,933人）、日本（4万1,417人）、パラグアイ（2万4,666人）、ポルトガル（2万1,376人）、ボリビア（1万5,753人）であった。また、ブラジル生まれの帰国移民は、2000年調査の8万7,886人から、2010年調査では17万5,766人と大幅に増加した。つまり、2010年調査の国際移民のうち65.5％が帰国移民であり、中でもアメリカや日本からの移民のうち帰国移民が占める割合は、それぞれ84.1％、89.3％と非常に高い割合であった。これは1980年代や1990年代にデカセギとしてブラジルから米国や日本に渡った人々とその家族が、2008年秋の経済危機の影響を受けて帰国したと見られる。

　ブラジルに入国するニューカマーの移民は、韓国や中国などアジアからも増えているが、中でも目立つのは、ボリビア人である。推定人口は35万人であるが、合法移民は10万人にすぎないといわれている[14]。ボリビア移民のうち、ブラジル出生者（帰国移民）は24.5％（2010年国勢調査）であることから、ボリビア移民は新規移民が多いことがわかる。ボリビア移民は、より良い生活や教育環境を求めブラジルにやってくる。リクルーターと呼ばれる仲介者が、ブラジルでの住居や食事、賃金を約束してかれらを連れてくることもめずらしくない。実際には、かれらの多くはブラジルのサンパウロで過酷な環境の縫製工場で働いており、ボリビア人の労働環境の劣悪さは「現代の奴隷労働」と例えられるほどである。そのような労働問題は、2000年以降メディアで取り上げられるようになり、ブラジル社会におけるボリビア人は、徐々に「見えざる存在」から「社会問題」に変化してきた[15]。サンパウロ市内にはボリビア人が集住する地域が生まれており、その地域で自然発生的に生まれたボリビア移民たちの路上青空市場をサンパウロ市当局が合法化する（休日の車の通行規制を行う）など、ブラジル社会における存在感も増している。それにつれ

第7章　ブラジルにおける外国人移民と教育課題

て、ボリビア人に対する嫌悪感情も生じており、ボリビア人の中には「インジオ（先住民）」や「仕事泥棒」、さらには「お前たちはコカインだけを持ちこんでくる」「ボリビア人は、帰れ。お前は俺の仕事を盗みにきた」といった罵詈雑言を投げつけられた者もめずらしくない。人口が多いだけに、ボリビア人はブラジル社会の偏見にさらされていると言ってよいだろう。

第2節　移民と学校

2.1　19世紀後半から20世紀初頭の移民大量受け入れ時代の学校

　ブラジルの歴史の中で、最初に移民の教育に目が向けられ、民族学校が作られたのは19世紀後半から20世紀前半の移民大量受け入れ時代であった。

　移民の国籍別人口を詳しく見てみると、終戦直後の1947年までにイタリア系は151万3,151人、同時期のポルトガル系146万2,117人、スペイン系59万8,802人、ドイツ系25万3,846人、日系18万8,623人、ロシア系12万3,724人、オーストリア系9万4,453人、シリア・レバノン系7万9,509人、ポーランド系5万10人、その他移民34万9,354人であった[16]。

　しかし、すべての移民が自分たちの民族学校を作っていったわけではなかった。当時、民族学校を多く有していたのは、ドイツ系、イタリア系、ポーランド系、そして日系の移民集団であった。中でも最も多くの民族学校を作ったのは、ドイツ系移民であった。クレウツ（KREUTZ 2000）によると1937年時点で、1,579校のドイツ系学校が存在しており、続いて、イタリア系学校は1913年時点で396校、ポーランド系学校は1930年代に349校、日系学校は同じく1932年に178校[17]あり、この四つ以外の移民集団はほとんど民族学校を持っていなかったという。

　この民族学校の数の格差の原因の一つは、移民集団ごとの識字率の違いにあった。たとえば、1908年から1932年までのあいだにサンパウロ州サントス港から入国した移民登録者の識字率は、ドイツ人91.1%、日本人89.9%、イタリア人71.3%、ポルトガル人51.7%、スペイン人46.3%であった[18]。都市化の進

149

んだサンパウロ州でも1920年時点の識字率はわずか35％であったことを考えると、ドイツ、日本、イタリアといった移民集団の識字率の高さが際立っている。

　移民は公立学校を拒否して民族学校を作ったわけではなかった。むしろ公立学校への入学を希望していたが、当時は公立学校が大きく不足していたため、一部の政府が民族学校を移民自身で設立することを奨励したこともあり、識字率の高かった移民集団を中心に民族学校が作られていったのであった[(19)]。

　しかし、民族学校でポルトガル語を教えず、移民の子どもたちがポルトガル語を理解できない状況は、ナショナリズムの高まりの中で問題視されていくようになる。サンパウロ州では1920年にすでに私立学校での10歳以下の児童への外国語教育が禁止されたが、その後も日系移民の入植地の小学校では、すべての教育が日本語で行われていた。しかし、1938年には外国人入国法（Decreto-Lei N. 406. Dispõe sôbre a entrada de estrangeiros no território national）が制定され、農村地域の学校における14歳以下の学童への外国語教育が禁じられ、教師もブラジル生まれのブラジル人に限定された。これにより、農村地帯での民族学校は閉鎖に追い込まれていった。

　つまり、移民大量受け入れ時代（〜1930年）には、出身国を同じくする移民が集住する入植地などで、公立学校の不足を補うために黙認されていた母語による教育を行う民族学校であったが、30年代にナショナリズムの高まりとともに移民に対する同化要求が強まり、母語（継承語）教育は禁止され、民族学校の数も減少した。

2.2　公立学校における移民生徒

　現在では、公立学校が普及し、移民が最も集中するサンパウロ州では私立学校だけでなく公立学校（州立・市立）でも多くの移民生徒が学ぶようになっている。

　サンパウロ州立学校には、2014年には95か国8,579人の外国生まれの生徒が在籍しており、これは7,662人だった前年の2013年に比べ11.8％増加してい

る[20]。出生国別ではボリビア生まれが約5,000人と最も多く、次いで日本生まれの1,126人となっている[21]。移民生徒の特徴は、75%がスペイン語を母語とする点や、サンパウロ市を中心とする都市圏に集中している点にある[22]。

一方、サンパウロ市立学校には、2009年の市教育局調べによると、55か国2,090人の外国生まれの生徒が在籍し、その内訳は、多い順に、ボリビア（1,446人）、日本（243人）、パラグアイ（74人）、ペルー（44人）、その他（283人）となっている。このように、サンパウロ州および市の公立学校においては、ボリビア移民の生徒が過半数を占め圧倒的に多いことがわかる。

しかし、全体で見るとサンパウロ州立学校の生徒総数は400万人以上であり、サンパウロ市立学校の生徒総数は約100万人を数えるため、公立学校に占める外国生まれの生徒の割合は0.2%程度でしかない。それゆえに学校現場で移民生徒の問題が大きく取り上げられることは少なかった。ただし、この公立学校に関するデータはすべて国籍ではなく「外国生まれ」を基準にしており、ボリビア移民2世や親のデカセギに伴い幼少期に日本へ渡りその後帰国した帰国移民は含まれていないので、ポルトガル語習得の困難や異文化適応問題を抱える子どもは、実際にはさらに多く存在すると考えられる。

近年では、米国や日本からの帰国移民やブラジルでの成功を夢見る新来移民の子どもたちの増加により、移民の子どもたちが抱える問題についての報道や研究、そして取り組みも徐々に増え始めている。

第3節　移民をめぐる教育の現代的課題と取り組み

3.1　外国人児童の公立学校への受け入れ

子どもたちの教育課題として最初に問題になるのは、学校へのアクセス、つまり学校への入学が認められるかどうかという点である。1988年に制定された現行憲法では、第205条で教育はすべての者の権利であるとし、さらに第206条I項で学校の入学および在学の条件の平等が規定された。合法・非合法を問わずブラジルに居住するすべての外国人にも教育を受ける権利は保障され

るため、公立学校への入学は認められている。

　歴史を振り返ると、かつての軍事政権下では非合法滞在の状態の外国人の子どもが学校に入学することは法的にはできなかった。たとえば1980年に出された外国人法（Lei nº6.815/80）で、「学校はいかなる学年においても『正式に登録された』外国人を受け入れることができる」（第48条）と定められていたからである。その後、1988年に現行憲法ですべての者の教育の権利が保障され、1990年には児童青少年法（ECA, Lei nº8.069/90）で学校の入学・在学条件の平等が定められたことで、非合法移民の子どもたちにも学校の門戸が開かれた。

　ところが、非合法滞在の外国人の就学認可については、1990年代になっても法的混乱がしばらく続いた。児童青少年法が制定された1990年に、サンパウロ州では州教育局決議（Resolução SE nº. 9/90）で「外国人は連邦警察発行の身分証明書を提示しなければ入学登録できない」（第1条）、「非合法状態にありながら入学した者は、30日以内に連邦警察で登録すること。できない場合は、入学はキャンセルされる」（第5条）と決められたのだった。この決議が出される以前には非合法移民の子どもも「学校に普通に通っていた」が、決議後に推定400人の生徒が学校から追い出されたといわれている[23]。

　その後1995年に新たなサンパウロ州教育局決議（Resolução SE nº. 10/95）が児童青少年法の精神に則り制定されたことで、合法・非合法を問わずブラジル人と外国人の子どものあいだにいかなる差別もあってはならず、すべての子どもに公立学校への入学が認められることとなった。現在ではこのように法整備の混乱は解消されているものの、教員や保護者の中には、いまだに就学には「身分証明書」が必要であると思いこんだままの者が存在する。教員の知識不足で、就学希望で学校にきた非合法滞在のボリビア人親子の入学を断ったケースもあった（MAGALHÃES & SCHILLING 2012）。また、非合法移民の多くの親が、教育や公衆衛生の公的サービスを受ける権利を知らず、就学させようとしないことが学校へのアクセスを阻む原因であると指摘する声もある[24]。教員や保護者への正しい情報の普及が求められている。

　また、外国人登録（RNE）を持たない移民に入学・在籍は法律上認められ

第7章　ブラジルにおける外国人移民と教育課題

ていても、課程修了証書には外国人登録番号の提示が不可欠であるという理由から、サンパウロ州裁判所で外国人登録のない移民の課程修了証書獲得の権利を認めないという判決が2008年8月に出された例などもあり、いまだに教育を受ける権利は不確実で限定的な保障に留まっている[25]。

3.2　子どもの教育課題と学校・行政の対応

　学校へのアクセスの次に浮上する問題は、言葉（ポルトガル語）といじめ・差別である。

　言葉、すなわちポルトガル語の障壁は、「唯一最も目に見える困難」[26]と表現されるほど、広く認識されている。サンパウロ市内の3校で実施された調査[27]によると、ボリビア人生徒は教師が授業中に話す内容の70%を理解できると答えており、ボリビア人生徒の80%が授業についていけていると感じている。その一方で学校でのニューカマーの移民生徒を対象とするポルトガル語授業の必要の有無について、ボリビア人の生徒は全員「必要である」と答えた。なぜならば、ボリビア人生徒はポルトガル語が上手に話せないことへの恥ずかしさを強く感じているからである。授業への参加度については、ブラジル人生徒の85%が意見を述べたり質問したりするなど積極的に授業に参加しているのに比べ、ボリビア人生徒は半数以下しか参加できていなかった。調査の中で、あるボリビア人生徒は「授業にいつも参加するわけではない。ポルトガル語をちゃんとできないから、質問してみんなに騒がれるのが恥ずかしい。だから、大人しくするようにしている」と語っている。言葉の壁が、移民の子どもたちの心に大きくのしかかっていることがうかがえる。

　しかしその事実を教員は重く受け止めているとは言い難い状態にある。教員の多くは「外国人児童が授業についていけていないと感じるが、時間がない」と回答し、中には「ボリビア人を指導するための能力は何も有していないが、需要も少ないので、そのための研修は不要である」という声もあがっている。さらに筆者が聞き取りした校長やサンパウロ市教育局担当者は、「（子どもたちは）最初は大変だけれども、ほとんどの場合、すぐに困難を克服する」と答

153

え、教員が外国人を受け入れる能力はないことを認めつつも、この問題に対応するための研修の必要性は否定した。このように、学校現場では、ポルトガル語の授業の必要性が十分に認識されておらず、特別な指導を実施している学校はほとんどないと言ってよいだろう。研修機会もない中で、まれに教員が「ポルトガル語とスペイン語の混ざった言葉」（Portunhol）で対応することもあるが、あくまでも「個人の取り組み」にすぎないという指摘もある[28]。

　ボリビア人の母語であるスペイン語とポルトガル語はよく似ていることから、ブラジル人教師が特に努力をしなくてもあいまいな意思疎通は図れるので、教師の問題認識は薄い。筆者が訪問したサンパウロ市のボリビア人児童が過半数を占める小学校でも、「スペイン語とポルトガル語はよく似ているし、ボリビア人の子どもはまじめで親も教育熱心なので、問題はない。問題があるのはブラジル人の親子のほうだ」と答える教員が多く、ボリビア人の子どもたちに対する特別な教育支援の必要を感じていないように思われた。

　しかし、実際にはボリビア移民の子どもたちは学校で言語以外でも多くの困難にぶつかっている。その一つがいじめである。

　移民支援司牧センター（CAMI）[29] が2013年にサンパウロ市ブラス地区にある二つの州立学校（ともに在籍生徒の70％がボリビア人である）で行った調査で、「いじめ」「年少者、とくにボリビア人とペルー人の生徒のアルコール過剰摂取」「授業の無断欠席（頻繁に発生する）」「拒絶的な親子関係」「ティーンエイジャーの妊娠」「肉体的及び精神的暴力」「金銭や携帯電話の窃盗」の七つの事態が生じていることが判明した[30]。また、サンパウロ市では学校内での恐喝や差別が横行しているとの調査結果もある（REIS 2011）[31]。その一例が2010年9月にブラジルで最大発行部数を誇るフォーリャ・デ・サンパウロ紙が大きく報道したサンパウロ市ブラス地区の州立パドレ・アンシエタ学校でのいじめ・恐喝事件である[32]。州立パドレ・アンシエタ学校は、初等・中等教育課程に2010年当時2,421人在籍しており、その半数が移民第1・第2世代であり、国籍別ではボリビア人が大半を占め、そのほかパラグアイ、ペルー、中国、韓国、アンゴラ、ナイジェリアの生徒が在籍していた。その学校で、少な

くとも2008年から、ブラジル人生徒が暴力を振るわない代わりにボリビア人生徒から「通行料」や軽食代を巻き上げていたという。同事件の被害者側であるボリビア人を取材したグローボ紙は、「ボリビア系の子どもたちは恐れおびえていると語った」とし、「ボリビア人は不平を言わず大人しい。しかし、問題は起きているのである」と報じた。この事件で、日常的に広くボリビア人生徒がブラジル人生徒からいじめを受けていたことが初めて社会問題として取り上げられ、公になったのだった。いじめに関しては、明確な差別がなくても、学校の休み時間に孤立するボリビア人生徒（COSTA 2008）や、名前ではなく「ボリビア」と呼ばれている生徒（MAGALHÃES & SCHILLING 2012）も報告されており、ボリビア人生徒が学校にうまく溶け込めていない現状がうかがえる。

3.3　学校外の教育支援

　学校外でも教育支援の動きが始まっている。2014年12月には、サンパウロ市の四つの部局（教育局、人種平等促進局、文化局、人権・市民権局）が協定を結び、移民の子どもたちの教育、文化や学校教育における統合についての議論を深めたり、市立学校の教員研修のために、地域コミュニティや生徒、教師、研究者、社会運動のネットワーク化を図っていくこととなった。2014年12月18日には国際移民デーの記念に、移民の多い市内各所でセミナーや写真展のほか、演劇や音楽ショーなどが開催された。市関係者によると、サンパウロ市は、たとえばボリビア料理を紹介する「食の教育学（Pedagogia do estômago）」のように、移民生徒の文化背景への理解を高める取り組みを始めている[33]。

　また教育支援を必要とするのは子どもだけではない。大人の移民にも学ぶ機会の保障が望まれている。成人の移民や難民の教育に行政や企業と連携して取り組む市民団体やNGOが現れてきている。

　その取り組みの一つが、「トリーリャス・ダ・シダダニア（Trilhas da Cidadania）」（市民権の軌跡）プロジェクトである。同プロジェクトは、2012年8月にNGOのシダーヂ・エスコーラ・アプレンジス（Cidade Escola

表7.3　トリーリャス・ダ・シダダニア開催ポルトガル語教室の参加者数

開講学期	合計	国籍（人数）
2012年	17人	コンゴ（6）、セネガル（4）、ハイチ（2）、ペルー（2）、ナイジェリア（1）、アルゼンチン（1）、ブラジル（1）
2013年	12人	ナイジェリア（6）、シエラレオネ（3）、ガーナ（1）、リベリア（1）、スリランカ（1）
2014年1期	14人	ナイジェリア（12）、シリア（2）
2014年2期	17人	ナイジェリア（7）、シリア（6）、イラク（3）、カメルーン（1）

出典：トリーリャス・ダ・シダダニアのホームページを基に作成。

Aprendiz）とサンパウロ大司教区カリタス、そしてモデルナ出版（Editora Moderna）の協働で設立され、移民・難民向けに主にポルトガル語教室を実施している。1期当たり約4か月間で週3回教室は開かれており、ポルトガル語の文法や語彙を中心に学ぶ[34]。これまでの参加者の内訳は表7.3のとおりである[35]。ナイジェリア、コンゴなどのアフリカ系が特に多く、シリアやイラクなど中東出身者が多いことから、難民申請で来た人が多いと思われる。一方で、同じく新来移民であるボリビア人の参加者が少ないのは、長時間労働に追われ学習する時間のないことや、スペイン語とポルトガル語は言語的な類似性が高いことやボリビア移民の人口が多いことから、特に学ぶ必要性を感じない者が多いのではないかと推察できる。また参加者の多くは30代、20代で、最年少は17歳、最年長は65歳であった。

　行政も学校以外での支援体制づくりに着手しはじめている。サンパウロ市人権・市民権局とサンパウロ大学国際関係研究所は2013年12月に協定を結び、その後共同で「コスモポリタン・ポータルサイト（Portal Cosmópolis）」[36]を開設した。このポータルサイトでは、国際移民に関する様々な研究成果やニュース、ビデオ、写真、法律情報等が集約され、それらの情報はポルトガル語のほか英語、スペイン語、フランス語でも提供されている。これまでも研究分野においては論文の公開やデータバンク化は進められていたが、サンパウロ市が運営に加わることでより広く情報を発信し、行政サービスの充実につながることが期待されている。

第7章　ブラジルにおける外国人移民と教育課題

おわりに

　市教育局は、移民生徒への関心を持ち始めたところであり、具体的な取り組みとしては、いじめや差別・偏見をなくしていくために、移民生徒の母文化への配慮や理解の浸透が先決課題となっている状態である。そのため、教育への質についてはまだ十分に意識されているとは言えない。

　これまでのブラジルの歴史を鑑みると、人種観を変えながら多種多様な移民集団を受け入れてきた。過去の移民の場合、行政などの公的支援がない中で、各移民集団・エスニックコミュニティがそれぞれ独自のネットワークの中で自助努力に近い形で協力し合いながら、民族学校を設立するなど、ブラジル社会に適応できるようにしてきた。たとえば日系移民の場合、県人会や日本語学校等の人的ネットワークが移民してきたばかりの人々の情報源や支えになってきたことは想像に難くない。またかつて国策として送り出され、移民としてブラジルに入国してきた人々は、集住する傾向が強かったため、エスニックコミュニティのつながりも強固であった。

　しかし近年増加しているニューカマーの移民は、ブラジル国内で受け皿となるエスニックコミュニティの基盤が弱く、また大都市に集中しているため存在が見えにくい。難民申請者も急増するなか、NGOや公的機関が中心となってようやくポルトガル語学習や生活のサポートが始まったところである。

　ジルベルト・フレイレに代表される人種民主主義は、ブラジルの人種的不平等を示す数々の数量的研究によって1990年代以降その影響力を失いつつある。近年の新たな移民の問題もまた、人権保障の観点から解決に向けて取り組む向きも見受けられる。これまでの500年のあいだに、多くの移民を受け入れてきたブラジルであるが、21世紀に入ってようやく外国人移民に対して「支援」をしていく必要があることが認識されはじめたといえるだろう。

157

注

(1) MAWAKDIYE, Alberto（2011）"Demanda Reprimida" *Revista Educação*. Editora Segmento〔http://www.revistaeducacao.com.br/demanda-reprimida/, 2017年8月26日閲覧〕

(2) 歴史家のファウストによると、当時にどれだけの先住民がいたのかは、資料が存在しないため不明であり、ブラジルとパラグアイを合わせて200万人とする説から、ブラジル国内のアマゾン地域だけで500万人という説まで、推計には大きな開きがあるという（ボリス・ファウスト（2008）『ブラジル史』鈴木茂訳、明石書店、19頁）。また、ブラジル発見当時、現在のブラジル全域に約4,000万人の先住民がいたという説もある（三田千代子（2017）「社会形成の歴史」田村梨花・三田千代子・拝野寿美子・渡会環（編）『ブラジルの人と社会』上智大学出版、12頁）。

(3) 現在では先住民人口は30万人から35万人にすぎないといわれる（ファウスト（2008）21頁）。

(4) ファウスト（2008）57頁。

(5) 本章における白人化に関する記述は、エドワード・E・テルズ（2011）「白人至上主義から人種民主主義へ」『ブラジルの人種的不平等』伊藤秋仁・富野幹雄訳、明石書店、49-83頁を参照した。

(6) このイタリア移民に代わる日本移民導入の経緯については、三田千代子（2017）「社会形成の歴史」田村梨花・三田千代子・拝野寿美子・渡会環（編）『ブラジルの人と社会』上智大学出版、47-48頁参照。

(7) ブラジルの中東系移民については、ジェフリー・レッサー（2016）『ブラジルのアジア・中東系移民と国民性の構築』鈴木茂・佐々木剛二訳、明石書店を参照。

(8) 1800年当時総人口約410万人のうち、白人が92万人（22.4％）に対し、混血人は122万人（29.8％）、黒人は196万人（47.8％）であったが、1940年には、総人口4,119万7,320人のうち、白人が2,617万1,000人（63.5％）、混血人が874万4,000人（21.2％）、黒人が603万5,000人（14.6％）となり、白人の割合が飛躍的に高まった（伊藤秋仁（2010）「ブラジルにおける人種意識の変遷：人種民主主義から人種主義へ」『京都ラテンアメリカ研究所紀要』10巻、京都外国語大学、45頁、表1。原出典：LAMBERT, Jacques（1967）*Os dois Brasis*, São Paulo, Editora Nacional, p.87）。

(9) テルズによると、ジルベルト・フレイレは、「人種的な相違は、生物学的というよりも基本的には文化的・社会的である」と提案していた反人種主義的な人類学者

第 7 章　ブラジルにおける外国人移民と教育課題

フランツ・ボアズに師事しており、ボアズの影響下で、事実上新しい国家的なイデオロギーを提案した（テルズ（2011）62頁）。

(10) Ministério das Relações Exteriores "Estimativas populacionais das comunidades brasileiras no Mundo – 2015". [http://www.brasileirosnomundo.itamaraty.gov.br/a-comunidade/estimativas-populacionais-das-comunidades, 2017年6月18日閲覧]

(11) GUEDES, Maria Helena（2016）*As maiores Histórias sobre o Pais do Peru!*, Clube de Autores, p.158.

(12) Julia Silva e Mônica Ribeiro e Ribeiro "Bolivianos são comunidade estrangeira que mais cresce em São Paulo" R7 Notícas, 2011-08-19. [http://noticias.r7.com/sao-paulo/noticias/bolivianos-sao-comunidade-estrangeira-que-mais-cresce-em-sao-paulo-20110819.html, 2017年6月18日閲覧]

(13) IBGE（2011）"Atualização dos dados de Migração" Censo Demográfico 2010. [http://www.ibge.gov.br/home/estatistica/populacao/censo2010/resultados_gerais_amostra/atualizacao.shtm, 2015年3月30日閲覧]

(14) SALGADO, Daniel（2013）"Panorama atual da imigração boliviana" 28 ago. 2013. [http://oestrangeiro.org/2013/08/28/panorama-atual-da-imigracao-boliviana/, 2017年6月18日閲覧]

(15) MAGALHÃES, Giovanna Modé, SCHILLING, Flávia（2012）"Imigrantes da Bolívia na escola em São Paulo: fronteiras do direito à educação" *Pro-Posições*, v.23, n.1, p.48.

(16) KREUTZ, Lúcio（2000）"Escolas comunitárias de imigrantes no Brasil", Revista Brasileira de Educação, Nº15, p.160. 原出典はDALBEY, Richard O.（1969）*The German private schools of southern Brazil during the Vargas years, 1930-1945: German nationalism vs. Brazilian nationalization*, Indiana University, USA, p.183.

(17) 第二次世界大戦前にはサンパウロ州に日系学校は260校あり、330人の教師が登録されていたという記録や、それが1939年に486校に達していたという研究結果がある。（KREUTZ 2000. 原出典はSCHADEN, Egon（1980）"Alemães e japoneses: uma visão comparativa" SAITO, Hiroshi（org.）*A presença japonesa no Brasil*. São Paulo: T.A. Queiroz/EDUSP.およびANDO, Zempati（1976）*Estudos sócio-históricos da imigração japonesa*, São Paulo: Centro de Estudos Nipo-Brasileiros.）

(18) KREUTZ（2000）, p.160. 原出典はDEMARTINI, Zeila de B.F.（1998）"A educação entre famílias de imigrantes japoneses: elementos para a história da educação

159

brasileira", Texto apresentado no IV Congreso Ibero-Americano de Historia de la Educación Latinoamericana. Santiago, Chile, p.2.

(19) KREUTZ（2000, p.161）によると、ドイツ・イタリア・ポーランド系移民の民族学校の設立プロセスは、教会主導という点で類似しており、日本人移民は保護者を中心に宗教的つながりではなく世俗的な民族学校を作り上げていった。

(20) Governo do Estado de São Paulo Secretária da Educação "Escolas estaduais de SP recebem matrículas de alunos estrangeiros" 2015-01-15.［http://www. educacao.sp.gov.br/noticias/escolas-estaduais-de-sp-recebem-matriculas-de-alunos-estrangeiros, 2017年6月18日閲覧］

(21) Governo do Estado de São Paulo Secretária da Educação "Mais de 8 mil estudantes matriculados na rede de ensino paulista são estrangeiros" 2015-01-17. ［http://www.educacao.sp.gov.br/noticias/mais-de-8-mil-estudantes-matriculados-na-rede-de-ensino-paulista-sao-estrangeiros, 2017年8月16日閲覧］

(22) 注（20）と同じ。

(23) MAGALHÃES & SCHILLING（2012), p.49. 原出典：BONASSI, M.（2000）*Canta, América sem fronteiras! Imigrantes latino amricanos no Brasil!*. São Paulo: Loyola, p.173.

(24) NOGUEIRA, Pedro Ribeiro（2014）"Garantir educação de qualidade para imigrantes passa por articular comunidade e repertórios culturais", dez. 2014. ［http://www.promenino.org.br/noticias/reportagens/garantir-educacao-de-qualidade-para-imigrantes-passa-por-articular-comunidade-e-repertorios-culturais, 2015年3月15日閲覧］

(25) WALDMAN, T. C.（2012）*O acesso à educação escolar de Imigrantes em São Paulo: A trajetória de um direito*. Dissertação（Mestrado em Direito), Faculdade de Direito, Universidade de São Paulo, São Paulo.

(26) HEIDRICH, Gustavo et al.（2010）"O desafio das escolas brasileiras com alunos imigrantes", NOVA ESCOLA, edição235. Titulo original: Destino: Brasil.

(27) ボリビア人生徒9人、ブラジル人生徒10人、教員5人、学校幹部3人の合計27人を対象に実施した聞き取り調査である。詳しくは以下を参照した。SILVA, F. A. da.（N/A）"Um estudo sobre a inclusão educacional de imigrantes bolivianos na rede´ pública de ensino na cidade de São Paulo", Artigo.［http://www.arcos.org. br/artigos/um-estudo-sobre-a-inclusao-educacional-de-imigrantes-bolivianos-na-rede-publica-de-ensino-na-cidade-de-sao-paulo/, 2017年6月18日閲覧］

（28）COSTA, V.C., SOUZA, T.F.P.B. de & SILVA, A.S. da.（2009）*A inclusão de crianças bolivianas nas escolas municipais de Corumbá-MS*. Relatório final de Iniciação Científica, UFMS, Campus do Pantanal.

（29）正式名称はCentro de Apoio e Pastoral do Migranteである。「移民管理センター」と訳されることもあり、たとえば、サンパウロ新聞記事で使用されている。［http://www.saopauloshimbun.com/index.php/conteudo/show/id/16514/cat/1, 2017年6月18日閲覧］

（30）CAMI "Relatório síntese de atividades CAMI 2013", p.50.

（31）REIS, Rossana Rocha（2011）, "A Política do Brasil para as Migrações Internacionais", *CONTEXTO INTERNACIONAL*, vol.33, n.1, p.65.

（32）このニュースはその他の新聞・テレビ・インターネットニュースサイトで広く取り上げられた。以下のウェブサイトなど参照。［http://oglobo.globo.com/sociedade/educacao/equipe-da-secretaria-estadual-da-educacao-de-sao-paulo-vai-investigar-denuncia-de-bullying-2946531, 2017年6月18日閲覧］

（33）NOGUEIRA, Pedro Ribeiro（2014）"Mais do que a matrícula: Direito à educação de imigrantes deve integrar cultura, cidade e comunidade" 19 dez. 2014.［http://portal.aprendiz.uol.com.br/2014/12/19/mais-que-matricula-garantir-direito-educacao-de-imigrantes-passa-por-integrar-cultura-cidade-e-comunidade/, 2017年6月18日閲覧）

（34）MigraMundo（2014）"Trilhas da Cidadania transforma São Paulo em sala de aula para imigrantes", publidado em 27 out. 2014.［http://migramundo.com/2014/10/27/trilhas-da-cidadania-transforma-sao-paulo-em-sala-de-aula-para-imigrantes/, 2015年3月15日閲覧］

（35）以下のウェブサイト掲載の情報を基にした。［https://trilhasdacidadaniablog.wordpress.com/participantes/, 2015年3月15日閲覧］

（36）コスモポリタン・ポータルサイトのアドレスは、以下のとおりである。［www.cosmopolis.iri.usp.br, 2017年6月18日閲覧］

第8章

移民と社会を橋渡しする
ドイツのNPO

丸山 英樹

はじめに

　欧州諸国においてもイスラーム教徒（ムスリム）移民に対する嫌悪が強まり、国政選挙で移民を排斥することを主張する政党が支持を得るようになっている。これは、従来の漠然としたイスラームへの嫌悪感に加えて、欧州諸国にシリア内戦から逃れ流れ込んできた100万人以上の難民の存在、また国境概念を持たない「国」による過激かつ人道に反する行為[1] の連続、国内でも過激思想に同調する市民の増加などが、人々の日常生活において不安を煽ることになったためである。

　難民の流入が、強固なフェンスの設置などのような国境監視によって、また同時に陸路の経由地であるトルコ共和国による310万人の同国内への引き止めによって、やや落ち着いてきている2017年5月の段階では、2015年3月と比較して、オランダやフランスの選挙結果のとおり、排他的な選択を掲げる候補者たちはなんとか選出されない状況にある[2]。2015年頃の欧州の選挙や社会の動向としては、次のような状況であった。移民や難民の受け入れで寛容な態度を伝統的に持っていたスウェーデンでも民族主義的な政党が得票を伸ばし[3]、自らを民族主義者だと主張する英国人フーリガンたちがパリの地下鉄で黒人の乗車を妨害し[4]、ムスリム排斥を主張するドイツ人たちがイギリスで横断幕を掲げ行進する[5] など、欧州各地の公的な場においても民族的な排斥を掲げる主張も見られるようになってきた。

　報道で伝えられる内容は、こうした状況を概観したものであるが、研究者が現地でしばらくフィールドワークを行うと、報じられない多様な現実があり、異なる立場からの主張もそれぞれ間違っているとは言い難い複雑な状況が存在することを認知する。すなわち、受け入れ社会は寛容であるべきという理性的な主張は、無差別な過激行為の前に時に無力であると捉えられ、干渉することをそれまで避けてきた、あるいは関心を持っていなかった受け入れ社会の多くの者が自己防衛としてイスラームへの嫌悪感情を持つようにもなる。ムスリム

第8章　移民と社会を橋渡しするドイツのNPO

は一枚岩の集団であると見なすこと自体が危うい捉え方であるにもかかわらず、社会の安全確保が優先され、スカーフなど「これ見よがし」なシンボルを着用する者を社会における潜在的危険と認識するようになる。

　他方では、そのような認識があることを踏まえた上で、多様性に価値を見出して寛容な社会を目指す動きも存在する。個人の努力だけでは集団の大きな動きに影響を与えることは難しいであろうが、時として個人の意思が反映されやすいNPOなどの中間組織では、より影響力を発揮できることがある。そこで本章では、ドイツ・ベルリンにおいて社会統合に向けた社会福祉事業を展開するNPO（非営利組織）の背景とその活動、また移民の社会統合の様相を記す[6]。本章は、ムスリム移民を受け入れ社会へ一方的に適応させる方略ではなく、移民自身が社会へ参画する仕組みの構築を扱う。そして移民という異質な他者と扱われがちな社会成員の多様性を再認識する。その中で、筆者が欧州在住のムスリム移民たちから頻繁に耳にし、またErzan and Kirişci（2008）のような移民としての背景を持つ研究者たちによる「統合は、同化ではなく、歩み寄りである」という主張を改めて喚起することになる。

　以下では、まず本章で扱うトルコ移民の移住の動機と変化を、2000年以降における出身国の宗教保守化とともに記す。移住が始まった時期（1960～1970年代）の移民に対する考え方と、現在になり急速に加速する宗教保守化の影響、およびその加速の背景を描く。次に、ベルリンにおいて移民の社会統合に向けた福祉事業を展開するNPO団体について記す。ここでは統合の形式的側面と実質的側面を整理した後、トルコ移民[7]の求める実質的な側面について触れ、移民たちが主体的に参画するNPOの活動と工夫が結果としてNPO自身が生き残るためになったことを描写する。最後に、本章で扱うベルリンにおける福祉事業についての評価レポートをもとに、その事業がドイツ社会でいかに認識されているかを振り返り、さらにその他の地域や国で使われている様子にも触れ、移民の統合に向けた可能性を探る。

165

第1節　トルコ移民の多様な背景

　「社会的弱者」と自他ともに見なした女性移民が自らの立場を相対化して見ることができるようになった。そのようなトルコ移民の移住の動機と変化を扱うにあたり、彼女たちの背景を確認することは重要である。まずトルコ移民がドイツ社会へ出稼ぎのために流入した1960 ～ 1970年代の背景を簡単に振り返り、その後に家族呼び寄せによって労働者以外の移民が増加し、移民の課題が労働問題から社会的に幅広い課題となったことに触れる。そして、トルコ移民コミュニティの内外からの影響により2000年以降における宗教保守化が見られたこと、しかしながら最後にはドイツの環境が恵まれていることに気づく移民たちの変化を記す。

1.1　「社会的弱者」として生きる女性移民

　トルコ共和国から欧州諸国への移住は、トルコの労働力余剰と欧州の労働力不足の解消というWin-Winの関係から始まった。欧州諸国は第二次大戦後の復興プロセスで経済発展がめざましく、労働力不足に陥っていた。特に植民地を持たなかったドイツは、労働者を呼び込むことができなかった。一方、1960年代のトルコ共和国は、建国以来の国是である世俗主義を守るため宗教保守を掲げる政党の動きを抑えるためのクーデタが発生し、年率100％を優に超えるハイパーインフレにも直面しており、政情・経済とも極めて不安定であった。そのため、ドイツとトルコのあいだで労働者の移動に関する協定が締結され、公式にドイツへ出稼ぎに出向いたトルコ人（多くは中等段階の教育を受けた男性）は、ドイツでは「お客様一時労働者（ガストアルバイター）」として歓迎されるようになった。

　しかし、エネルギー危機が発生した1973年には、ドイツはじめ欧州諸国は経済停滞に直面し、労働者の受け入れを停止するに至った。ただし、かれらが家族を呼び寄せ、同居することを認め、同時に希望者には帰国を奨励し始め

166

第8章　移民と社会を橋渡しするドイツのNPO

た。この時点から、経済活動における出稼ぎに限定的であった労働問題は、そ
れまでに内包していた課題を顕在化させながら、社会的な課題全般へと広がる
ことになった。すなわち、教育に関する課題は、この時期から始まった。

　子どもの教育について最初の要点として、通学義務が持ち上がった。朝に通
学し、昼過ぎに帰宅するだけでなく、学期中は基本的に毎日通学することや、
学校から保護者に子どもの習熟度や学校生活について連絡があり、場合によっ
て保護者が学校へ赴き、学校と連絡を取ることなど、ドイツでは通常の事柄だ
と考えられていた。

　しかし、それらの学校システムについての基礎的な情報を持たないトルコ出
身の保護者が少なくなかった。これは、当時のトルコの都市部出身者の家族で
あっても子どもの教育が母親に任されがちであったこと[8] や、地方出身者だ
と保護者自身も通学した経験を持たなかったことが背景にあった。そのため、
受け入れ社会の学校は、まず子どもたち、特に女子を持つ家族を対象に教育を
受けさせる義務について理解を求めることになった。子どもの教育のために保
護者の教育も必要だと考えられるようになり、成人女性に対する学習機会も重
要と認識されるようになった。

　ここで留意しておきたいのは、移民として来た成人女性が抱える事情の種類
である。教育を受けたのが出身地トルコだったのか、移住先だったのか、ある
いは教育を受ける機会があったのか否かなどによって、受けた教育水準が異な
る世代間の差異が存在する（Crepaz 2008）。つまり近年顕著に見られるの
は、「ムスリム女性には見えない」と描写されるような、近代教育を受け、キ
ャリアと社会上昇を志向する「西洋化」した女性トルコ移民がいて、受け入れ
社会も経済発展を重視するトルコも彼女たちを支持する状態が存在する。同時
に他方では、トルコの僻地から婚姻のために直接欧州へ来た者もおり、受け入
れ社会の都市部での生活への不慣れという点、および欧州諸国の様々な制度や
サービス・義務[9] に対して不慣れ、そして異文化間コンピテンシー（例：ド
イツ語や振る舞い）[10] の弱さという三重の意味で、経験が乏しい「弱者」と
捉えられがちである。

167

移民コミュニティの外から見て判断が難しいのは、Çınar（2005）も指摘するが、女性ムスリムが意図的に宗教実践を選び、また男性からの役割期待に応じざるを得ない文脈も存在する点である。母国トルコが経済的に発展し、トルコのやり方が間違っていないと思われるようになった近年では、保守的な宗教実践をより求める男性も増え、男性によって保護される対象としてトルコ女性が演じることが求められるようにもなった。

1.2　イスラーム嫌悪とその反応

　時計を少し戻して、ムスリム移民の文化を巡る動きも今の状況を理解するために避けて通れない。まず、1960年から1980年代の初頭に移住したトルコ人は、熱心な世俗主義者で、断食や喜捨といった個人としてのイスラーム実践は行っていても、スカーフやブルカを学校や政府機関あるいは公式行事において着用しなかったことは特徴である。同時に受け入れ社会も移民たちは少数派とかれらを大きな問題として認識していなかった。

　しかし、1979年、イランのイスラーム革命が発生したこと、またその際、米国大使館が占拠されたことは、一つの転換点であった。すなわち、社会の周縁で過ごすことを余儀なくされていたムスリムの一部が中心となりうることを認識するに至った。ただし、多くの民衆が革命を支持したと見なされたイランでは、その後の政治により宗教保守の動きが強化された[11]。さらに、その後の中東情勢は不安定のままであったし、そして先進国の中にいるムスリム移民たちは比較的平穏な環境にあったことからも、自らの問題としての欧州社会とイスラーム社会のあいだにおける動きはそれほど重視しなかった。

　ドイツにおける最大の変化は、1989年の冷戦終結とベルリンの壁崩壊であった。ドイツ人にとっても大きな変化であったが、トルコ移民が持っていた「ドイツ経済を下支えしたのは自分たち」という自負が否定された時期でもある。東側から流入したドイツ人たちを旧西ドイツ政府が重宝し、移民たちの職を奪う結果を招いたことから、トルコ移民の中には嫉妬する者も少なくなかった。1980年代から1990年代にかけては世界的にイスラーム嫌悪[12]が拡大し、

第8章　移民と社会を橋渡しするドイツのNPO

同時にイスラーム運動が世界規模で台頭した。この頃には、すでに欧州社会における ムスリム移民の課題は拡大しつつあったが、ドイツはまだ自国を移民が多く存在する国とは公式に認めてはいなかった。また、トルコ移民たちも差別的な扱いを受けていたが、声を上げるまでには至っていなかった。

　2000年に入ると、世界中で感情的反応が高まるような状況が多発した。欧州諸国へは移民等の形で流入するムスリムが増加し、ニューヨークでの911事件以降も、2004年マドリッドでの列車爆破事件、2005年ロンドン多発テロ、フランス全土で生じた暴動、デンマークで始まったムハンマド風刺画への反応、最近ではイスラーム主義を語り過激思想を持つ「ダーイシュ[13]」へのシンパが欧州諸国の若者のあいだでも見られる。これらのことから、受け入れ社会の反応は「寛容の限界」とも言われ、異なる宗教としてのイスラームではなく、すでにイスラームに関する事柄に対して否定的な感情を呼び起こしている。かつての受け入れ社会ではしばらく、移民の統合は制度上の整備によって解決されるものであるという前提があったが、欧州域内の安全保障の問題としても取り上げられるようになった（Givens et al. 2009）。若年層に対する教育と関連して、イスラーム嫌悪は人権侵害であり、社会的つながりに対する脅威であるという認識も広がってもいる（Ramberg 2004: 105）が、2015年の段階では「表現の自由」という大義のもとで敵対心が顕在化している。

1.3　移民の反応と母国の宗教保守化

　他方、排他的な扱いを受けることになったムスリム移民側では、1990年前後からのイスラーム運動の台頭もあり、多様な意図を持ったいくつものネットワークの影響が確認されるものの、宗教保守化と少数派としての自己防衛の傾向も見せている。たとえば、社会の多数派からの日常的な差別などのように強い圧力下で存在が否定されるなどの経験から、少数派にとってそうした変化を受け入れることも困難であることが多く、自らの文化を維持・強化することに資源を集中させることがある。

　さらに、その原因は受け入れ社会で推し進められる多文化主義[14]によるも

169

のであったと捉えることもできる。たとえば、人口動態を中心に移民の特徴を分析した人類学者トッド（1994=1999）は、ドイツがトルコ移民のイスラーム化を促したと指摘する。従来、母国トルコは欧州諸国のような社会制度及び習慣を導入し続けた結果、トルコ移民の在住する欧州諸国のそれらと親和性があり、移住した者の多くが受け入れ社会の風習に強い抵抗を持つことが少なかった。しかし、彼がドイツの特徴として着目した「差異主義」を持つ家族形態によって、つまりドイツ人とトルコ人の結婚が極めて限られたことから差異が強調され、他の非ムスリム移民集団に比べ、トルコ移民はイスラームに依拠するようになったとする。これは移民自身が自らのアイデンティティを保持すべきであると要求する受け入れ社会の態度にも原因があることを示唆する上に、移民の持つ文化的遺産を保持することがむしろ社会的な隔離を促すという可能性さえ示す。

　移民の母国トルコ共和国においては、2002年の国政選挙結果によって建国以来初めてとなるイスラーム保守政党が単独政権を担うことになった。その与党は地道にイスラーム教義に従って草の根レベルの支援を行ったり、EU加盟交渉プロセスにおける民主主義や多元的な価値観の尊重などを巧みに活用し、「宗教を個人の空間に止め、政治は世俗主義を貫く」という建国以来の国是を押し切りながら、地方選挙で勝ち進んでいた。

　これは、それまで世俗主義政党たちが、トルコの経済発展に伴って生じた貧富の格差に十分な再分配制度を確立できず、それまで制度の外で互酬性が維持されていた伝統的な方法に依存していたことが要因の一つである。国民たちが移民から口伝えで耳にしていた情報や貨幣、生産物の流入によって目の前に現れた物質的豊かさと、それが入手できる者とできない者の格差を目の当たりにし、また多くの世俗主義政党の政治家が汚職に関わっていたという不信感も加わり、実生活においてイスラームと無関係な日常はあり得ない人々の気持ちを、宗教保守を掲げる政党が摑んだのである。

　イスタンブルなどの都市部と地方で圧勝した後、従来の世俗派政党の多くが連立や協力に失敗したところを突いて、憲法改正を含めきわどい国民投票や定

期的な国政選挙で、単独政権を担う与党は今も勝ち残っている。ただし、大統領と首相も繰り返し歴任してきたエルドアン大統領の時代錯誤あるいは文脈に適さない頓珍漢な発言に対して、欧州社会からは非難の声が上がる時もある[15]。

エルドアン政権の人気と不人気について、ここで扱うわけではないが、彼が強気の発言をする背景にはトルコの経済発展、欧州からの要請に応えるシリア難民の受け入れ、イラク戦争後の中東地域および中央アジアの資源競争の取りかかりとなりうる地理的条件がある。上記のようにイスラーム運動やイスラーム保守の主張がより強く表出する時代にあって、政治や歴史としてイスラームを優位に見なす彼の発言であったり、覇権主義を思わせるような派手な演出が、欧州という成熟社会において失笑を買うことを欧州生まれのトルコ移民たちはわかっているため気まずい思いになる。しかし、欧州社会における実質的差別を経験している移民たちは、母国の経済発展やグローバル化した舞台における振る舞いに誇りを持ち、たとえばベルリンにおいては自らの不遇や不満を解消していた。

第2節　敷居の低さが移民を参画させる

ここでムスリム女性の移民たちを支援する団体はいかなるものかを見ていこう。本節では、ベルリンにおいて移民および社会的弱者の社会への包摂に向けた活動を展開するNPOについて記す。まず、統合の形式的側面と実質的側面を整理した後、トルコ移民の求める実質的な側面について触れ、移民たちが主体的に参画するNPOの活動と工夫が結果としてNPO自身が生き残るためとなったことを描写する。

2.1　統合の形式的側面と実質的側面：受け入れ社会と移民のすれ違い

現在、欧州諸国において移民の社会統合に関する各種政策および制度整備は進んでいる。たとえば、通訳の無償サービスや母語を維持するための言語教育、移民を背景に持つことを理由に就職差別や差別的言動を禁止する法律の設

171

置、市民権を得るために必要な滞在などの各種条件の明確化などが挙げられる[16]。

　ここで、社会統合の二つの側面、形式的側面と実質的側面について触れておく。グローバル化と国際移民を扱った伊豫谷（2001; 2007）は、国家による制度枠組みによる差別と社会生活の場で行われる差別を区別すべきで、現在の移民などが抱える課題にはこうした形式的平等と実質的平等のあいだに乖離があることを指摘している。そのため、移民の社会統合に向けて、制度整備である形式的側面が必要であると同時に、移民自身が社会参加を求め、受け入れ社会のネイティブも歩み寄り共生を目指す、実質的な面も重要であると言えよう。改めて整理すると、移民の社会統合に関する形式的側面とは、法整備などの制度設計やその実施などを指す。こうした標準化された制度整備が公式に進むことは、市民に提供される行政サービスという点から適切な行為である。それに対して実質的側面とは、移民が日常生活を含め制度化されていない場面においても受け入れ社会に受容され、自らも社会参画を求める様相を意味する。

　これからも、一層の制度整備、すなわち形式的側面が進むことが予想されるが、Joppke（2007）が「市民的統合（civic integration）[17]」と表現するように、欧州諸国では公式・非公式の多文化主義に代わって、1990年代後半以降、市民性教育・言語教育や、市民テストなどを手段とした統合モデルが主流となってきている。これは権利の保障などが進み、移民のための環境整備とも言えるが、実はそれは統治方法の一つにすぎないとも言える。その結果、たとえば、「制度を整備したにもかかわらず、社会統合が進まないのは、努力しない移民が悪いからである」という言説をさらに導きかねない。

　次項および次節で取り上げる移民の私的な生活まで扱う事業は、欧州社会の建前に反する可能性はある。宗教は私的な空間で、公的な場においては個人の信条に関する表現は控えるべきだと考えるフランスをはじめとする欧州諸国の人たちと、公私を分別しない教義に依るムスリムでは、空間の境界がまったく異なるとも言える。そのため、欧州社会からの制度上の統合圧力は、むしろ逆に機能する場合がある。そして、その圧力に追い込まれる移民の中には、イス

第8章　移民と社会を橋渡しするドイツのNPO

ラームの原理と伝統文化へ強い志向性を持つ者が出てきても不思議ではない。

　特にムスリム女性の場合、欧州社会での役割期待と移民コミュニティと母国における評判や期待のあいだでジレンマに陥ることも想像され、こうした私的な空間における問題は、当事者である彼女たち自身が主張しない限り欧州の受け入れ社会では取り上げられることは少ない。たとえば、ムスリム女性にとって、出自コミュニティからの別離を覚悟した上で、保守的とされる夫と離婚する決断をした場合、正しい選択だったと欧州社会では認められるだろう。しかし、だからといって受け入れ社会が移民コミュニティのようにその移民女性をネイティブと同様の成員として受容するわけではない。そこで最後に残された本人が移民コミュニティと母国の出身地から疎外されれば、離婚という選択肢が本人にとって優先されるべき選択だったのか否かは判断が難しくなる。

　そのため、重要となるのが、統合の実質的側面である。トルコ移民の中には、実質的側面を重視する者が少なくない。これは母国トルコにおいて、伝統的に血縁や地縁が重視される文化的背景を持つこと、また制度上の不備を居住区（マハッレ）ごとの工夫が補ってきたことが指摘できる[18]。著者の現地調査のたびに聞かれるのは「ヨーロッパは冷たい社会だ」という移民たちのボヤキであり、トルコ人のあいだでは損得勘定を抜きに困った者を助けるという価値観を共有することから、「困ったら福祉課に行って申請書を出せば公共サービスを受けられる」というスウェーデン人やドイツ人からの助言は突き放されたように聞こえる。また、ムスリムにとって現世における出来事は各自に課された試練であり、他人の困難に対して手を差し伸べることは、本当の人生である来世で自らが天国に行くことを許される近道であるという考え方になる。

　また、統合とは、少数派集団が多数派集団の規定に一方的に同化する意味ではなく、二方向性が求められる（Erzan and Kirişci 2008）。一般的に、それぞれの文化変容の度合いには常に偏りが常に存在するものの、一方が片方に合わせることが要求される同化とは異なり、少数派と多数派の両者が変わることを受け入れ、新たなものを創りだすことを指す。その過程においては、両者が保有する資源の活用と、公的機関による分配の仕組みが必要となるが、実際には

173

受け入れ社会の従来の住民であり、そのため優勢な立場にある多数派には少数派に対する寛容性が求められる。他方、少数派には、自らの規定をある程度は維持しつつも受け入れ社会のそれに合わせ、あるいは使い分け、行政からの支援を受けながら自らの居住・文化的領域に引きこもらずに開かれた状態を作る努力の継続が求められる。

2.2　移民女性を対象とする理由

　さて、「社会的弱者」とされる女性が事業の対象とされる理由は、女性ムスリム移民が実質的な統合の状態から最も遠い存在に位置づけられるためである。彼女たちが受け入れ社会へ自発的に関わることができるようになれば、ムスリム移民の統合に向けた手がかりを得られることになる。男性ムスリム移民は出稼ぎを選択し、仕向地において工員として、あるいはその後に小規模の自営を始めることから、経済活動を通して受け入れ社会と一定の接点を持つ。

　他方、中でも見合い結婚による花嫁や呼び寄せられた妻として母国から直接移住した女性たちの中には受け入れ社会の公用語を一切理解しない者も少なくない。典型的には、彼女たちは、ドイツにおいても、トルコですでに構築されていた出身地の人間関係や習慣にしたがって生活する。彼女たちの情報が行政当局によって把握されないことにより学校教育を含む行政サービスの提供も限定的で、子どもの就学が保障されていない場合もある。すでに移民の子どもの学業成績が家庭の状況に関係することが、国際調査などによっても指摘されていることからも、移民の社会階層の再生産に関係していると言える。そのため、母親である女性に焦点を絞った施策が求められている。

　言語、社会、伝統・習慣、価値観、ジェンダーといった移民の課題として扱われる場合であっても、すでに社会や他の集団へのアクセスを持つ者たちが対象となることが多い。その反対の立場にあるのが、本章で紹介するNPOが対象とする、社会へのアクセスを持たない（持つことを意識していない）移民女性たちとなる。さらに、統合から遠いと言える、そうしたアクセスを持たない女性たちは、受け入れ社会において低（無）技能な移民と見なされる傾向があ

第8章　移民と社会を橋渡しするドイツのNPO

り、彼女たちは福祉行政からも見落とされる可能性がある。たとえば、次のような指摘がある。

　　現在の欧州における移民政策は、技能を持つ移民が容易に統合され、持たない者は困難を持つという二分法による傾向を持ち、問題をはらんでいる。……移民の技能を認識する、または再技能化（re-skilling）の機会を創りだすことが重要である。特に女性の場合に顕著で、……移民女性を世話する責任を考慮する必要がある。(Erel 2009: 190)[19]

　こうしたことから、社会統合に向けて実質的側面を扱い、統合から最も遠い存在かつ「弱者」であると見なされる女性ムスリム移民を扱う組織はいかなるものかが課題となる。本章では、その一例として行政と市民のあいだにある中間団体としてのNPOを取り上げる。そのNPOは、行政当局が制度構築のための情報を得ることができない相手であり、本人たちは社会参画しにくいという、ムスリム移民集団を対象にした活動・事業を展開している。

2.3　NPO「Diakoniewerk Simeon」の概要

　キリスト教系NPO「Diakoniewerk Simeon」は、かつて「Diakonisches Werk」と呼ばれていたが、プロテスタント教会を代表して、支援を必要とする人々を支える社会的非営利団体（NPO）である。ベルリンとブランデンブルクにおいて100以上の事務所を持ち、1,300人以上の職員が仕事に従事している。ベルリン・ノイケルン区の事務所は移民が多く居住する公営アパートの一角に位置する（写真8.1）。この立地は、トルコ移民にとって意味が深い。外出時には見栄えを重視する彼女たちにとって、買い物や散歩の折に立ち寄ることが可能となるためである。これは行政側からはアクセスに時間がかかるなど、あまりメリットと見なされないかもしれないが、移民に対しては敷居の低さをアピールすることになり、統合の実質的アプローチと呼ぶことができる。
　Diakoniewerkの活動目的は、社会における平等を促進することである。そ

175

ベルリン・ノイケルン区のNPO事務所

のため、たとえば妊婦から高齢者、青少年や保護者とその親族に至るまで、様々な生活における支援を提供している。また、ホームレスの人や障害を持った人など、精神的・物理的に問題を抱えた人たちに対する保護も行う。さらに、異なる文化的背景を持つ人が助言や支援を見つけられるよう調整する。組織の構造としては、ノイケルン区の福音主義教会ネットワークにつながった形で、支援対象によって五つの担当部署（ケア・支援、青少年と家族サービス、統合補助、社会と統合、子どものケアセンター）が存在する。

　本稿では、Diakoniewerk部署のうち、移民の社会統合に関わる、「社会統合」部門と「統合補助」部門について扱う。「社会統合」部門には、カウンセリングセンター、異文化間コミュニティセンター、社会統合プロジェクト、多様な背景を有する社会教育の専門家などが含まれる。この部門は、統合に向けた一般的支援、移民・社会的弱者・保護者や妊婦への支援、そして物理的・心理的・社会的に困窮した人たちへの支援・誘導を行うことで、対象者たちが尊厳ある、自立した、平等な生活を送ることができるよう強くサポートする。また、その際、信条や国籍に関係なく、守秘義務のほか、匿名かつ無償での支援を保障している。カウンセリングセンターは、対象者の就職先やドイツ語教室を探し、移民関連の書類作成を補助するほか、医療や家庭に関するサービスの相談・情報提供をする。異文化間センターでは、彼らだけでなく、ドイツ人と

第8章　移民と社会を橋渡しするドイツのNPO

ともに学習を通して音楽などの芸術活動やスポーツを行う。

　社会統合プロジェクトには、1）ドイツ人以外の無職の母親たちが活動し2006年から承認されている「地域の母」事業（次節でその評価を扱う）、2）異文化を持つ女性たちがチームを作りトルコからドイツに来た女性たちの中でも困難な状況（例：ひとり親世帯、高齢者、暴力の被害者、貧困ラインや危機的状況にいる女性、交流を希望する女性）を対象にする支援「UGRAK（トルコ語で「出没」の意)」、3）父親を対象に子どもの教育やコミュニティ活動を中心とし2009年1月から2011年12月まで継続した「BABA（トルコ語で「父親」の意)」などがある。

　他方、「統合補助」部門では、大きく二つの補助がなされている。一つは物理的・精神的な障害・困難を持つ人たちへの支援が中心の内容で、もう一つはホームレスや各種中毒性の課題を持つ人たちへの支援となっている。これらは移民だけを対象にしていないが、移民の中には社会的に不利な立場にあって困難や課題を抱える人もおり、ドイツ人とともに支援の対象となっている。

　最後に、本研究によるインタビューによってわかった重要な点は、このNPOは周辺住民にキリスト教徒が減少し、他方でムスリムが増加したことを前向きに捉え、ムスリムの代表を買って出ていることである。組織論としては、ムスリムを代表する集団となるモスクや宗派の長などが考えられがちであるが、ノイケルン区ではモスク間における力関係や代表性に判断できない貴重な経験を持っていたことから、行政側がより柔軟に対応するNPOを探していた。教義上、イスラームに集団の代表という立場は存在しないが、実際の利害関係を整理する際に必要とされる交渉窓口という意味で、モスクの代表たちはあまり適任でなかった。

第3節　世界に展開する移民福祉事業の評価

　最後に、ノイケルン区が移民の就業支援の一環としてNPOに委託する社会福祉事業「地域の母」[20]についての評価レポート[21]をもとに、その活動がい

177

かに認識されているかを振り返り、移民の統合に向けた可能性を探る。なお、「地域の母」事業の具体的な活動は、丸山（2016）による報告に譲るが、「地域の母（以下「母」）」とは、研修を受けた移民の女性たちを指す。彼女たちはノイケルン区から3年間の公的な認定を受け、女性移民を主たる対象に、戸別訪問し、対象者に社会活動への参画を促す。事業開始のきっかけは、女性トルコ移民の茶話会の習慣であったことから、実質的に統合へ向かう移民たち自身の動きを見ることができる。

3.1　評価レポートの概要

　さて、評価レポートは、ベルリン・ノイケルン区役所から依頼を受け2010年に出版された、Behnら外部有識者による調査結果（*Evaluation des Modellprojektes "Stadtteilmütter gehen in die Schule (2009-2010)" Abschlussbericht*）である。本節では、それを参考にみていこう[22]。

　2006年から2008年までの「母」パイロット事業は、それ以降2年のサイクルで公式な事業として継続されている。当初から、0歳から12歳までの子どもを持つ家庭に対して子の通学をすすめるために事業は始まった。2009年から本格始動したこの事業は、ノイケルン区北部に居住する対象者と連携できる小学校を探すことになった。その後、「母」になるために研修制度が整い、小学校と連携して週末などに開催する学校カフェにおいて、「母」たちと対象となる移民女性たちとの交流の場を設けるようになった。また、事業展開のための資金は、不就労者の就職を促進するジョブ・センターの施策の一環として連邦政府とノイケルン区役所の予算から用意されており、現在はそれ以外にもEUの補助金や別の予算などから工面している。

　事業に対する評価レポートは、目的の達成度合い、届いた対象者集団の数、参加した女性たちに与えた影響、訪問先の数、そして事業の実施に関する内容を主に質問紙への回答といくつかのグループでの聞き取り調査の結果をもとに報告している。レポート内容として、1）対象者となるノイケルン区北部の移民家族へアプローチできたか、2）幼稚園や小学校といかに協力し、その際ど

第8章　移民と社会を橋渡しするドイツのNPO

表8.1　評価レポートに協力した関係者

調査方法	対象者の背景	調査協力人数
「母」による報告	訪問を受けた移民家庭	1,110名
質問紙	現在「母」である移民女性	84名中65名
半構造化インタビュー	現在「母」である移民女性	3名
同上	過去に「母」だった移民女性	6名
同上	訪問を受けた移民の母親	15名
グループ・ディスカッション	事業運営委員	7名
同上	ネットワーク関係者	4名
個別インタビュー	地域の関係者	5名
オンラインの質問紙調査	公共機関関係者	24名中12名

出典：Behn et al.（2010: 11）より筆者作成。

のように協力者と連携したか、3)「母」たちが獲得した技能と、4) その技能の職探しへの影響はどのようなものか、5) 事業の継続にむけて参加者から得られたフィードバックは何か、そして6) 事業は継続可能であるか、という六つのテーマが扱われている。本節では、教育の観点から、1) と3) を中心にみていく。

　まず、このレポートに協力した回答者や使われた複数の調査方法は、表8.1で示すとおりである。訪問を受けた移民女性のうち、1,000 人以上がこの調査に協力し、現役の「母」たちのうち77%が回答したことがわかる。

　訪問を受けた家庭を対象にした調査（Behn et al. 2010: 16-25）の結果、主に次のようなことがわかった。なお、括弧内は比率で、「n」は有効回答数である。

- 訪問を受けた移民家族（女性）の85%が婚姻状態にあると回答した。(n = 1,063)
- 彼女たちの子どもの数は、1人または2人（58.6%）、3人または4人（34.2%）、5人または6人（5.9%）、7～9人（0.8%）、子どもはいない（0.6%）であった。(n = 1,105)
- その子どもの通学状態は、小学校（68.3%）、レアルシューレ（10.4%）、ギムナジウム（7.2%）、ゲザムトシューレ（6.8%）、ハウプトシューレ

（6.1%）、その他（1.2%）であった。（子どもの n = 1,538）

- 彼女たちの生まれた国は、トルコ（42.7%）、アラブ諸国（26.8%）、ドイツ（17.4%）、その他（13.0%）であった。（n = 1,096）
- 彼女たちがドイツに来た時の年齢は、11〜20歳（36.4%）、10歳まで（29.1%）、生まれた時から（17.7%）、21〜30歳（13.3%）であった。（n =1,075）
- 彼女たちの中等教育段階以上の学歴は、なし（76.9%）、教員養成系（12.1%）、職業技術系（9.1%）、高度専門・大学（1.9%）であった。（n = 825）
- 本人の収入は、無職・なし（68.0%）、給与（30.4%）、政府補助金等（1.3%）、私的な収入（0.4%）。（n =1,039）

　現在「母」である移民女性に対する調査の結果、個別につながりを持っていることが重要であることがわかった（図8.1）。また連携にあたり学校との協力がうまくいっていること、同時に15%以上は「悪い」と回答していることもわかった（図8.2）。今後の課題と言えよう。

　「母」たちにインタビューした結果、移民女性の抱える共通の課題として社会的な孤立、ドイツ語能力、長期にわたる失業の状態、教育機会や社会活動に関する深刻な情報の欠如が言及された。対象となる移民女性のために、トルコ語、アラビア語、クルド語などを用いて、さらに個別のネットワークやモスクまたはデイケアセンターを重視しながらアプローチすることを心がけたとも報告されている。個別のネットワークとは、彼女たちの友人だけでなく、祝祭の行事や礼拝の場、または茶話会などにおける交流機会を指す。

　こうした言語やネットワークの課題を解決するために下支えしていたのは、「母」たちの持つ文化的背景であるとレポートは述べる（Behn et al. 2010: 40-41）。なぜなら、「母」たちは業務を通して自信を持ち、自らの経験を相対化し、勇気を持つようになるからである（丸山 2016）。

第8章　移民と社会を橋渡しするドイツのNPO

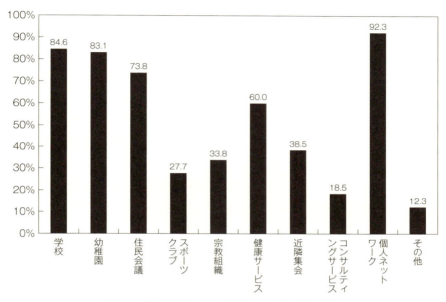

図8.1　対象者を見つけた契機（n=65 複数回答）

出典：Behn et al.（2010: 28）より筆者作成。

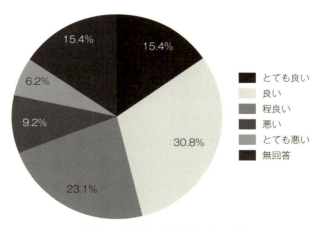

図8.2　学校との協力関係（n=65）

出典：Behn et al.（2010: 33）より筆者作成。

3.2　レポートで示された「母」の能力

　では、「母」たちはどのような能力を身につけたのか。事業としては彼女たちがドイツ社会の労働市場へアクセスし、就職できることを目標としているが、「母」たちが自らのキャリア・プランを立てることも重視している。レポートは六つのインタビュー結果に基づいて報告がなされている。第1に彼女たちの背景と動機で、職に就いていない者が多く、専業主婦であったこと、子育てが優先されたこと、しかしながら一部の者は、たとえば教員経験を活かして仕事に戻りたいという意思を持っていた。

　第2に、キャリア形成における「母」の経験については、良い経験と考える者とそれほど有益でないと捉える者がいることが分かった。第3に、職能技能の習得について、高度な技能を身につけるため進学することにつながった例や、保健衛生に関する専門知識を得ることができた例、事務の運営方法やドイツ語が身についた、異文化間環境での能力や他人との協働ができたなど前向きな意見が示されている。第4にスタッフ育成について、自らも自信を持つようになり、一人で外出できるようになったなどの意見が紹介されている。第5に、家族や日常生活における有益性について、3分の2の「母」たちが有益だと考え、事業を評価していることがわかった。そして第6に、民主的な価値教育とドイツの歴史について、人権と関連して、クルド系の一部の「母」からは強い関心を持つことができ、多くの者はこの機会が重要であると話したことがわかった。

　レポートの最後に事業途中で「母」を辞めていく理由についても報告されていることは見逃せない。つまり、彼女たちは業務と家族生活を両立させるのに困難を抱えていたり、親族の男性から辞めるように言われたり、専門的な職業を目指すことをあまり求められていなかったりと、移民コミュニティにおける影響があることもわかった。

3.3　世界に展開する「地域の母」モデル

　このように「母」たちは多くの便益を得ていたことがレポートされたわけだ

が、筆者の2014年の聞き取りによると、移民女性などが自ら参画する「地域の母」事業は成功モデルとして認識されるようになった。ノイケルン区で始まった事業はベルリンの他地区（クロイツベルク、シュテーグリッツ、シャルロッテンブルク）でも導入された。さらに、2015年3月現在、ドイツ国内ではハンブルク、アウクスブルク、ケルン、ニュルンベルク、エッセン、ボーフム、デュッセルドルフで、国外ではデンマーク・コペンハーゲンを含む複数の都市で「bydelsmodre」事業として、オランダ・アムステルダムでも同様の事業が展開されていることが確認できている。こうした転移が発生する理由は、制度整備という形式的統合だけでなく、実質的統合を補助する行政の支援体制が挙げられ、現場では女性移民自らが進める活動を通してエンパワーする構造が指摘できよう（丸山 2016）。

　また、活動に関わる女性トルコ移民たちは、認識を変化させていたことがわかった。一般的に、女性トルコ移民たちは、ドイツ社会を欧州社会全般として捉え、口コミで聞いていたように社会における日常生活の辛さと母国の発展による誇りと戸惑いを持ちがちである。彼女たちが視点を変えることになった契機は、ノイケルン区によるパリへの研修旅行であった。それまでベルリンにおける移民の待遇に不満を抱えていた彼女たちは、2013年にパリの状況を見学した。パリでは、移民が社会的に隔離されており、ネイティブたちとの交流がほぼ皆無であったことにそれぞれが衝撃を受けた。そのため、筆者には「ベルリンは本当に恵まれている」と語った。

　これは、あくまでも彼女たちの感想にすぎない。特に小さなベルリンとパリを単純に比較してしまったことは、許されるべき点であろう。だがそうであっても、彼女たちの直感は社会統合の本質を突いている。なぜなら、移民が社会参画する実質的側面が重要であり、その前提条件とも言えるであろう、自らの状況を相対化させて把握できたからである。ベルリンで不足している状態や不利な条件など、常に否定的な点に着目していた姿勢が、パリの状況と比較することによって、ベルリンにおいて自分たちの可能性を探ることに意味があると気づいたためである。

これは、イスラーム実践の面でも意義深いことになった。つまり、クルアーンにおいては、預言者が都市から都市へと迫害を受けながら移動する場面が描写されている。これは神の意志であること、ムスリムが自分の統制できない社会の部分については運命的なものとして、神の意志に委ねることが頻繁にあるためで、その意味でも神の意志に従って生きることが重要であると認識できることもある。

　個人の信条からムスリムとしての生き方を求めて、声を上げることもある。欧州社会では声を上げることが権利として（形式的に）保障されていることからも、社会サービスにアクセスできる者は改善を求めて公的に訴えることになるだろう。しかし、各種の市民権を認める受け入れ社会とイスラーム実践を重視する空間に所属するムスリム女性は、後者で共有される価値観を優先することが期待され、その結果、前者の空間で権利として認められていても、恐らく声を上げることは難しいと感じるだろう。特に、単に移動距離が大きいだけという認識で母国と同様のつもりで、婚姻のために欧州の移住先にやって来た、現地の言葉も習慣などの知識を持たない女性の場合、二重の空間が存在することも認識できないかもしれない。

おわりに

　本章では、形式的統合を進める行政は条件整備に徹し、ムスリム女性たちが集まることのできる環境を設置することが、実質的統合も進めることを示した。これはフィールドワークにおいてムスリム移民たちから聞かれた声であり、「表現の自由は守られるべき」といった「べき」論などで見られる理性的なアプローチだけでなく、移民の抱える心象も射程に入れる感性的なアプローチも重要であることを示唆する。

　イスラームをめぐる様々な動向は、言論の次元だけでなく、現実の日常生活においてムスリムたちが直面する課題と連動している。また情報がより幅広く共有される今日において、過激な思想の影響もより見られる。トルコからの女

第8章　移民と社会を橋渡しするドイツのNPO

性移民たちはこの10年で急速に力をつけてきた母国とのある種、気まずい関係も抱えながら、「弱者」と見なされながら生活している。だが、行政の手が届かない場合であっても、「社会的弱者」をエンパワーするNPOがあり、そこが実施する社会福祉事業の評価は高いことが報告されていた。その事業は現在ではドイツのベルリン以外の地方や他の欧州諸国にも導入されていることもわかった。その大きな理由は、社会統合の実質的側面に関わる女性のエンパワメントという社会参画に向けた意義が見られることが挙げられよう。

注

(1) ダーイシュ（自称「イスラム国（IS)」）は、ICTを活用した情報戦と邦人人質事件により日本にとっても身近になった。伝統的イスラームが主流の宗教でない欧米諸国をはじめとする国の若者の中にはISの活動への参加を希望する者も出てきた。2017年5月22日には英国マンチェスターで行われていたコンサートで無差別攻撃があり、その直後にはISが犯行声明を出した。欧州社会における、こうした過激行為により、欧州の若者がISへ志願することは少なくなってきているが、様々な格差を強く意識した者が動かされる場合もある。

(2) ただし、難民イシューは数多くある一つの政策課題であり、これらの選挙結果が、移民や難民に関わる課題を優先的に取り組むことを意味するものではない。

(3) http://www.bbc.com/news/world-europe-29195683（2015/3/1閲覧）

(4) http://www.bbc.com/news/uk-england-london-32051506（2015/3/26閲覧）

(5) http://www.bbc.com/news/uk-england-tyne-31657167（2015/3/1閲覧）

(6) 本章で扱う多くの内容は、次の文献ですでに紹介している。丸山英樹（2016）『トランスナショナル移民のノンフォーマル教育：女性トルコ移民による内発的な社会参画』明石書店。本章は、その内容の一部に新しい情報を追記したものである。

(7) 本稿では、トルコ移民を第1世の移住者だけでなく、すでに市民権を得ている第3世以降も含める。後者は、トルコ系移民や移民を背景に持つ者などと表現されることが多いが、世代による区別はしない。第1世代と第2世代のトルコ移民に対する聞き取り調査は、野中恵子（1993）『ドイツの中のトルコ：移民社会の証言』柘植書房が行ったことが先駆的である。また、ホスト社会に対する「同化」傾向が少ないトルコ移民は、トッド，E.（1994=1999）『移民の運命：同化か隔離か』藤

185

原書店（*Le Destin des immigrés*, Seuil, Paris）が記している。

(8) トルコ都市部においては午前と午後で異なる学校を運営する二部制が多いため、全日制に不慣れな高学歴女性層も少なくない。ただし、スクールバスを利用しない家族においては、父親など家族の男性メンバーが子どもの送迎を行うことが一般的である。

(9) 内藤正典（編）（2008）『激動のトルコ』明石書店。

(10) ドイツの失敗として行政も認めるのは、言語の問題を過小評価していた点である。つまり、通訳者を通して会話をすれば、トルコ移民であってもドイツ社会の常識が通じると考えられていた。

(11) たとえば、公権力による宗教規範の実践の確認がなされ、外部にアクセスを持つ者はイラン国外へ脱出し、持たない者は選択の余地を持たず居残った。

(12) イスラーム嫌悪（イスラモフォビア：Islamophobia）とは排除、差別、暴力、偏見で整理される。他に、不合理な不信、イスラーム・ムスリムに対する恐怖・拒絶がある（van Driel, B.（ed.）（2004）*Confronting Islamophobia in Educational Practice*, Trentham Books）。そして、単なる外国人嫌いといった、不信や恐怖、憎悪の態度のみでなく、それらを基に形成される制度化されたムスリムとそれ以外の者のあいだに社会的な不平等を制度的に反映し、それを再生産するような法律や慣習が生み出されることが問題だとされる。

(13) 自称「イスラム国」または「ISIL」や「ISIS」、単に「IS」とも呼ばれる。

(14) ただし、今日では多文化主義は失敗、または過去のアプローチという指摘も多い。

(15) たとえば、2017年3月には、オランダにおけるトルコ移民の集会にあたり、同国がトルコからの閣僚による訪問を認めなかったことなどから、エルドアン大統領がオランダをナチ呼ばわりし、それに関連してドイツのメルケル首相からエルドアン大統領は批判された。（http://www.dw.com/en/turkeys-erdogan-decries-merkel-over-nazi-measures-as-row-thunders-on/a-38015707 や http://www.bbc.com/news/world-europe-39331336 2017/3/31 閲覧）。

(16) 詳細は移民政策総合指標（MIPEX）（http://www.mipex.eu/）などの試みも参照。

(17) Joppke, C.（2007）Beyond national models: Civic integration policies for immigrants in Western Europe, *West European Politics*, 30:1, pp.1-22.

(18) もっとも、今日これが経済優先の発展観のもとに崩れてきているという指摘もある。たとえば、Bugra, A.（2007）Poverty and Citizenship: an Overview of the Social-Policy Environment in Republican Turkey, *International Journal of Middle East Studies*, 39, pp.33-52.

(19) Erel, U.（2009）*Migrant Women Transforming Citizenship: Life-stories from Britain and Germany.* Farnham, UK: Ashgate.

(20) Diakoniewerk Simeon（http://www.diakoniewerk-simeon.de/）の公式ホームページは次のサイト。http://www.diakonie-integrationshilfe.de/sis-leistungen/projekte/stadtteilmuetter-nk/projektbeschreibung-nk.html.

(21) Behn, S., Bischof, C. and Koch, L-B.（2010）*Evaluation des Modellprojektes "Stadtteilmütter gehen in die Schule（2009-2010)"* Abschlussbericht［Evaluation of the Pilot Project "Neighbor-hood Mothers Go to School（2009-2010)" Final Report］, Berlin: Camino gGmbH.

(22) ただし、ドイツ語原本ではなく、その英訳を参考にした。

参考文献・資料

Crepaz, M.M.L.（2008）*Trust beyond Borders: Immigration, the Welfare State, and Identity in Modern Societies.* Univ. of Michigan Pr.

Çınar, A.（2005）*Modernity, Islam and Secularism in Turkey: Bodies, Places, and Time.* University of Minnesota Press.

Erzan, R. and Kirişci, K.（eds.）（2008）*Turkish Immigrants in the European Union: Determinants of Immigration and Integration.* NY: Routledge.

Givens, T.E., Freeman, G.P. and Leal, D.L.（2009）*Immigration Policy and Security: U.S., European, and Commonwealth Perspectives.* NY: Routledge.

Ramberg, I.（2004）*Islamophobia and Its Consequences on Young People Seminar Report*, Council of Europe.

Richardson, R.（ed.）（2004）*Islamophobia: issues, challenges and action - A report by the commission on British Muslims and Islamophobia.* http://www.insted.co.uk/islambook.pdf（2006/11/1閲覧）

伊豫谷登士翁（2001）『グローバリゼーションと移民』有信堂。

伊豫谷登士翁（編）（2007）『移動から場所を問う：現代移民研究の課題』有信堂。

日本比較教育学会（編）（2012）「ドイツの教育」『比較教育学事典』283-284頁。

丸山英樹（2016）『トランスナショナル移民のノンフォーマル教育：女性トルコ移民による内発的な社会参画』明石書店。

終　章

多文化共生をめぐる
「国民国家の新たなありかた」と
移動する人々

杉村　美紀

第1節　国際移動時代における国民国家

　本書では、人の国際移動が活発化し、多種多様な人々が様々なかたちで国境を越え、各自が置かれた社会的状況の中で生活する場合、今日では文化そのものの特徴が、それが置かれている文脈やコンテクストによって解釈されるものとなっていること、そのため、人の国際移動を考える場合、それらが政策のあり方によって規定されるというだけではなく、移動する人々がどう捉えられているか、あるいは移動する人々の考え方、その人々が生活するコミュニティのあり方、さらにそこでの多文化共生の現状を反映したものであるという点に注目した。そのため、1）移動する人々は社会の中で政策の対象としてどのように捉えられているか、逆に2）人々は移動をどのように捉えているのか、さらに3）移民に対して教育がどのような役割を果たしているのか、という三つの観点から、ヒトの国際移動をめぐり新たに社会のコンフリクトや不公正さが生じている構造を明らかにすることを目指した。そこでは、様々な文化的背景を持ったヒトの移動が活発化することにより、新たな文化の創成が期待される一方で、実際にはコンフリクトや不公正さが課題となっている現実を考慮し、それが「国家」と「移動する人々のコミュニティ」それぞれを支える考え方の違いによるものであることを例証しようとした。そして、機会の平等によってバランスをとろうとしてきた多文化社会が、コミュニティの多様化によって差別や偏見のメカニズムが複雑化している現状を指摘することで、多文化共生を考える上で直面している新たな課題を描くことを目的としてきた。

　今日の状況は、グローバル化が言われ始めたころのように、国境線が消えてなくなることにより、国民国家を単位としていた時代には実現できなかった共同体が築かれるという話ではまったくない。むしろ、各国を区別する国境線はますます太くなり、それが時には壁ともなりつつある。しかしながら、活発なヒトの移動もまた加速し、様々な移動のルートが生じており、それがまた新たな摩擦や葛藤を受け入れ社会のほうに生じさせているのである。

終　章　多文化共生をめぐる「国民国家の新たなありかた」と移動する人々

　こうした状況を、平野（2006）は「国境の多孔化（porous borders）」と表現している。平野は、「ヒトと情報だけでなく、モノとカネも国境を容易に越える。その結果、国境は『ボーダーレス』にはならないものの、無数に穴の開いた状態になっている」（14頁）と指摘している。そして、そうした「国境の多孔化」が、「ヒトの国際移動をさらに増大させ、増大する人の国際移動が国境をさらに多孔化させる、という相互亢進関係にある」（同上、14頁）と論じている。人が大量に移動するようになった国際移動時代において、移動が活発化すると、国境を通過する人々の数は増え、そこには通過孔が多く生じるというのである。しかも、平野（2006）は「人々が国境をまたいで異文化の人々と大量に、そして絶えず接触する状況」が作り出されており、そこでは「相互理解と友好」が生まれる可能性がある一方、「相互反発と排斥、敵対の関係を結果する危険性」もあり、「その微妙なバランスの上に、今、人々の間に新しいナショナリズム感覚が生まれつつあるように思われる」（同上、14頁）と述べている。言い換えれば、孔の数は増えても、それが国境による隔たりをなくしてしまうかというとそうではない。孔の数は増えるが、逆に国家は、人の移動によって生じる様々な問題から、逆に人の出入りをより厳格に管理しようとし、そのために国境の壁は厚くなる。時には、新たに壁を築くという発想も生む。この点で国民国家という枠組みは、無くなるのではなく、今日ますますその存在を強めており、人々のあいだに改めて国家の役割についての意識と、時にそれは保護主義を呼び起こすのである。

　この点について、ブルーベイカー（2016）は「移民は国家のコントロールを逃れるどころか、ますます精巧な規制やコントロールのテクノロジーのもとにおかれている。国境が密閉されているわけではないが、国家（そしてシェンゲン協定圏）が越境する人の移動を規制する力を失ったわけでもない。また、メンバーシップが国民国家を迂回したり飛び越えたりするかたちで再編されているわけでもない。グローバル化する世界のなかでも、国民国家は依然としてメンバーシップを決定する重要な場であり、また国民国家における帰属の闘争と国民国家への帰属の闘争はメンバーシップ政治の最も重要な形式であり続けて

いるのである」（傍点は原文のとおり、56頁）と述べている。またあわせてブルーベイカーは、次のようにも主張している。「トランスナショナリズムやポストナショナリズムに関する研究が、領域性の重要性の低下を主張するのは正しい。しかし、この点は誇張されるべきではない。（中略）国民国家はメンバーシップの組織でもあり、そのメンバーシップの境界線は国家の領域的境界を越えてますます拡大している。しかしながら、このように新しい外的メンバーシップの形態は、国家を超えたもの（トランスステート）でも、ネーションを超えたもの（トランスナショナル）でもない。それは越境的ナショナリズムの形態として、国民国家モデルの拡張と適応を示すものでもあり、国民国家の超越を示すものではないのである」（同上、58頁）。ここには、国境を越えた移動により、様々な社会的関係性が形成されている今日にあってもなお、人々の「帰属」先として最も重要な「場」は国民国家であるという主張がある。ここでブルーベイカーが言う「国民国家」とは「領土と国民の一致、国家とネーションの一致、政治組織体と文化の一致、法的なシティズンシップとエスノ文化的なナショナリティの一致などの一連の一致の原理がある。もちろん実際には、そうした一致が完全に実現することはめったにない。（中略）このような一致の欠如こそが、内的な帰属の政治と外的な帰属の政治の双方を引き起こすのである」（傍点は原文のとおり、同上、45頁）という。

　ドイツのノルトライン・ヴェストファーレン州の学習指導要領に注目し、そこでの移民像の変遷を整理した近藤孝弘論文の指摘は、まさにそうした移民のメンバーシップに対する国家の捉え方がいかに複雑であるかを浮き彫りにしている。「戦後復興の奇跡」と言われる中で、外国人労働者を受け入れ、すでに1970年代には外国人労働者の子どもの統合とそのための教育が課題とされ、かれらが移民となったり、あるいは一部国籍を取得した後もその対応を行っているほか、旧東ドイツからの多くの帰還移民も受け入れてきたドイツにとって、移民に対する捉え方をどのように解釈するかという問題は、ドイツにとってその立ち位置を示す重要な意味を持つ。近藤論文によれば、「ドイツの歴史には人間が境界線を越えていった事例が数多く書き込まれている。さらに人間

終　章　多文化共生をめぐる「国民国家の新たなありかた」と移動する人々

が動かずにいるあいだに国境線が動き、気がつくと外国に暮らしているという
例もある」と述べている。

第2節　多文化主義をめぐる課題

　こうした移動をめぐっては、平野（2006）によって「移動がナショナリズム
と切り離せないものである」ということが指摘されている。平野によれば、ナ
ショナリズムには「①国境を越えて『出ていく』人々のナショナリズム、②国
境を越えて『入ってくる』人々のナショナリズム、そして③国境の中にとどま
る人々のナショナリズム」（12頁）があるとされる。そして人の国際移動が
「現代」ナショナリズムを引き起こし、新たな不安定要素を生み出しかねない
という。

　たしかに、多文化主義が重視する個々の文化の独自性や多様性の尊重という
ことを強く主張すればするほど、それは時に、マイノリティの文化保護と存続
ということだけではなく、マジョリティの側の文化や権利を「保護する」とい
う考え方に読み替えられ、それがマジョリティに対する逆差別意識とあいまっ
て保護主義に転じるという事態を生じさせている。

　多文化主義が進展する過程において、多様性を重視する施策が、マジョリテ
ィに対する逆差別意識を呼び起こし、それがマジョリティとマイノリティの新
たな対立につながることはすでに指摘されてきた。多様性の尊重は、それが一
定の段階を過ぎた時から、独自の文化を持つ人々の地方分権や自主自治権の主
張、さらに時にはそれが当該国家からの独立を志向するような分離運動につな
がる可能性があることは、関根（2000）が整理しているように「多文化主義の
ジレンマ」として認識されてきた。本来は多様性に富む当該コミュニティを多
文化共生というテーマのもとに一つにまとめあげるために行ってきた多文化主
義が、結果的にコミュニティの分断を招いてしまうためである。

　こうしたマジョリティとマイノリティの新たな対立は、序章で述べた関根
（2013）の近年の新しい移民政策にみられる「選別型移民政策」の導入につな

がる視点である。移民国家と非移民国家の収斂により、国益を重視し国家にとって役立つ高度人材を選別して受け入れようとする政策は、マジョリティ側の不満や不安への対応である。

　他方、園山大祐論文「フランスにおける社会統合と女性移民の地区外逃避：リヨン市郊外における女性移民の成功モデル」は、人々の移動を、国境を越える場合ではなく、同じ国の都市における地区間の移動という観点から論じている。同論文では、フランスのリヨン市郊外におけるフランスの社会学者エマニュエル・サンテリの若者調査を基に、郊外の若者の成長過程とそこでのアイデンティティの形成には、学校、家庭、住区、社会関係資本などが影響を与えており、生まれ育った地域など「地区内に居場所を見出す若者」がいる一方で、「地区内に居住しつつも地区外に価値を見出す若者」、さらには「地区外に居場所を見つけた若者」があり、あわせて女性移民の場合には、「学歴、就職、結婚のいずれもが地区からの逃避を目指した成功モデルと結び付けられている」ことを指摘している、また、今日焦点化されている郊外の問題は、かつてのように人のつながり（靭帯）が形成されていた状況とは異なり、その繋がりが弱体化していることも重要であるという。ここからは、人々が移動をどのように選択し、逆にそうした移動を促す地区の変容や特性は何かを考えることの重要性を読み取ることができる。同時に、そうした状況下で移動する人々のアイデンティティもまた、決して固定的なものではなく、居場所を求めて移動する過程で、人々の生活という文脈に基づいてその時々に規定されていくものとなると考えられる。

　この「多文化主義のジレンマ」の問題は、単にマイノリティの側からのマジョリティへの対抗というだけではなく、マジョリティが自分たちの文化やコミュニティの保護を最優先とし、移民蔑視や排斥に走ろうとしている点で、今日さらに複雑な様相を呈している。マイノリティの側が、自分たち固有の文化を主張し、それが時に社会の中での新たな対立を生むのと並行して、マジョリティの側からも、コミュニティにおける多様性の尊重そのものに対して懸念が示され、結果としてそれがマジョリティの視点に立ったコミュニティの維持存続

終　章　多文化共生をめぐる「国民国家の新たなありかた」と移動する人々

と、そのために多文化共生を否定するという考え方を生んでいるという点で、いわば二重のジレンマを抱えてしまっているのである。

そこでは多文化主義やそれに基づく多文化教育は否定される。多くのコストを要する多文化共生は、もはや政策上は大きな負担になってしまうという現実から、マイノリティの言語や文化の保持は政策の対象とはみなされなくなる。しかしながらその一方では、すでに居住しているマイノリティの人々の生活に対応していかなければならない。特に問題を複雑にしているのは、その対応において、マイノリティの文化が、それ自体、固定したものとしてみるだけでは十分ではないという点である。移動が加速する今日にあっては、出身地と移動先のあいだで、出身地の母文化を背負いながら、居場所を求めているマイノリティの人々は、時に、二地点間の移動にとどまらず、移動先からさらに次の移動先へと居場所を求める状況の中で、実に多層的な文化を育んでいる。こうした移動する人々がつくるコミュニティは決して一枚岩ではなく、当該社会において「マイノリティ」としてひとくくりにできるものではない。それだけに、政策上も、単純にマジョリティに対するマイノリティという二項対立ではなく、マイノリティそのものの多様性に対応する必要があるのである。

もともとモザイク状にマレー系、中国系、インド系、その他先住民といった複数のエスニックグループが共住してきた「複合社会」としてのマレーシアを事例に、国家が移動する人々にどのように対峙しているかを描いた杉村美紀論文が描いているのも、まさに国家発展のためにマイグレーションをどのように利用しているか、またそれによりどのような課題が出ているかを論じたものである。マレーシアでは、独立以来、一貫してマレー化政策のもとに国民統合と経済発展のための人材育成を展開してきた。しかし、グローバル化の流れの中で、新たに外国人労働者や留学生を受け入れる戦略をとり、経済発展のための人材確保に務めようとしているが、そのことが、新たな社会文化摩擦を引き起こしている。

以上のことをふまえると、ポスト・グローバル化時代の今日問われているのは、二重のジレンマを抱えている「国民国家の新たなありかた」と言えよう。

195

グローバル化が進み、国境を越える人々の移動が活発になった結果、国境線の意味が薄れると論じられたことは、すでに今日、世界の諸地域で起きている現実の前では、状況を異にしていることはだれの目にも明らかである。すなわち、多孔化する国境は今日その存在を際立たせ、国家はますますその枠組みを強固にしながらも、道義的理由や経済的理由からとめることのできない人の移動をいかに管理するかという課題を抱え込んでいる。

第3節　トランスナショナル・マイグレーションと教育の役割

　国際移動が活発化し、多文化共生をめぐる様々な問題が噴出するなか、現在の国民国家、あるいはそのもとにある行政は何も術がないのであろうか。ウヴラール／園山大祐論文「フランスにおける外国籍児童生徒と移民の子ども：学業達成と職業参入にみる課題」では、フランスにおける外国籍児童生徒および移民の生徒の学業達成および学力には課題が多く、職業参入や就労差別における厳しさが存在することを指摘している。そこには「『単一不可分な共和国』の理想と現実にある相当なずれ」があるのである。

　このように、確かに現実は厳しいが、近藤孝弘論文は、「『ドイツは移民国家ではない』と語られる一方で、戦後の歴史教育は早くから移民をめぐる課題に取り組み、移民国家としての自己理解の形成を促してきた経緯を分析している。さらに言えば、ナチズムが大量の難民を生み出し、また難民として受け入れてもらえなかった大勢の人々を虐殺した歴史を教えることが、この新しい国家理解の形成に貢献したことも否定できないだろう。言わば教育政策が国家・外交政策を先取りし、その転換を準備していたのである」と述べ、移民をめぐる行政の取り組みを、特に教育が持つ機能に焦点をあて、その有効性を指摘している。

　また、実際に人口の4分の3以上を移民の背景を持つ住民が占めるドイツのベルリン市ノイケルン地区において、移民受け入れを担当するメンゲルコッホ論文が物語る状況は、困難で複雑な課題のなかにも、移民の問題と正面から懸

終　章　多文化共生をめぐる「国民国家の新たなありかた」と移動する人々

命に向き合おうとする行政側の姿勢と、それを支える地域の人々の強い意志が
みてとれる。同地区では2009年以来、多様な文化・価値観への寛容の上に民
主的な法治社会を形成することを目的とした移民統合のための10原則が掲げ
られ、「社会の一員となることに困難を見出す人々の意見を聞きながら、その
ための支援を継続的に行う意志を宣言している」とされる。そして「ノイケル
ンに住む人々が、（中略）自由で民主的な基本秩序の原理を受け入れるだけで
なく、これらの原理に共感することである」と述べている。「誰もが自分の運
命の設計者」という基本方針にたつ同地区の教育政策は、民族別・宗教別の集
団が多数あり、文化的多数派がもはや存在しないなかにあって、マジョリティ
であるドイツ人が特定の民族集団を寛容に受け入れるのではなく、移民や難民
の受け入れのために、多くの移民がボランティアとして働いているという状況
を生んでおり、「寛容という言葉の真価が問われている。それは多数派が少数
派に示す恩恵ではなく、少数派も含む市民全員が社会を成り立たせるために身
につけなければならない最低限の社会的資質である」と述べている。ここに
は、マジョリティ対マイノリティ、あるいは多様化するマイノリティという対
立の図式ではなく、「寛容に裏付けられた統合」に向け、粛々と取り組んでい
るノイケルン市の行政の取り組みと人々の活動の根幹が示されている。

　さらに、丸山論文が紹介するドイツのベルリンにおけるトルコ系女性のエン
パワメントの事例は、ノンフォーマル教育がもっている教育的効果を如実に描
き出している。ここには、「弱者」とされる移民の人々が、政府からの支援は
なくとも、NPOの支援に励まされながら、ドイツのコミュニティに居場所を
感じ、そこで生活していこうとする様子が描かれている。丸山によれば、「移
民の社会統合には制度だけでなく、移民が日常において参画できる実質的側面
も重要である」とされる。移民女性などが自ら参画する「地域の母」事業は、
それがもつ大きなエンパワメントの機能が評価され、今やベルリンのみならず
ドイツの他都市、ならびにデンマーク、オランダでも実践されるようになって
いる。ここには、各地域社会での社会統合に実質的側面にかかわる女性のエン
パワメントが持つ意義が明確に描かれているとともに、市民社会がもつ可能性

197

も示唆するものである。

　他方、江原論文が指摘しているとおり、中南米においては、移民送り出し地域である一方で、ブラジルのように、かつて自国から出て行った移民を、受け入れ先で起きている人権問題等への対応として人道的見地から保護したり、社会経済的見地から帰国を促進し、帰国後社会への再統合の支援を行うほか、海外移民が持ち帰る多様な資本を自国の経済発展に活用することまで視野に入れた対応を行っている。こうした点は、移民受け入れ国が移民問題にどう対応するかというあり方とはまったく異なる視点ながらも、やはり移民への対応にかわりない。言い換えれば、送り出し国側が、送り出した移民にどう向き合おうとしているかということである。このことは、移民はいったん母国を離れれば、二度と戻ることはなく移住先で過ごすのが一般的であったかつての国際移動ではまったく考えられなかった視点である。序章でとりあげたとおり、まさにトランスナショナル・マイグレーションとしての特徴を象徴する事例である。

　こうしたブラジルの自国民移民に対する政策は、二井論文が取り上げているブラジルに来ている他国の移民政策と対比するとさらに興味深い。ブラジルは、過去500年にわたり多様な移民集団を受け入れながらも、行政などの公的支援は少なく、各移民集団・エスニックコミュニティがそれぞれ独自のネットワークの中で自助努力に近い形で協力し合いながら、民族学校を設立するなど、ブラジル社会に適応してきたとされ、外国人移民への支援が意識されるようになったのは21世紀を迎えてからであることが指摘されている。またその一方で、移民の側の意識も大きく変わりつつあるという。すなわち、かつては、集住する傾向が強く、エスニックコミュニティのつながりも強固であった移民も、近年増加しているニューカマーの場合には大都市に集中しているために、その存在が見えにくいという。

　国際移動する人々は、様々なプロセスを経てそれぞれの居場所を求めている。受け入れ国にとっても送り出し国にとっても、彼らは時に保護や統合の対象であり、あるいは逆に排斥される対象としてある。そうした働きかけにおいて、決定的な役割を担うのは国家である。同時に、その処遇によって、その国

終　章　多文化共生をめぐる「国民国家の新たなありかた」と移動する人々

家自体もまた、国際社会からその立ち位置を問われることになる。こうした国家が抱える課題は、二重のジレンマを含め、これまでの国民国家としてのありかたを相対化する「国民国家の新たなありかた」である。梶田（2005）は、トランスナショナル・マイグレーションの登場とともに広がるトランスナショナリズムによって、越境的な社会空間が形成され、「個々人の定住化というよりは、いわばネットワーク状の社会組織が確立したのであり、その上で人々は活発に移動を続けているのである」（17頁）と述べている。この考え方は、従来の国民国家の社会とは大きく異なるコミュニティであり、ポスト・グローバル化時代の新たな課題であるといえる。

　この課題に対し、教育は、国民国家形成のプロセスにおいて、国民統合と経済発展を担う国民育成という旧来からの機能とともに、移動する人々、あるいは移動してくる人々が、それぞれの居場所を求める際のエンパワメントという役割を担っている。そこでは、決して固定的なアイデンティティの保持が求められるのではなく、その社会が置かれているコンテクストのなかで、移動する人々のアイデンティティのあり方もまた、多様に変容するものとして相対的にとらえられる。「トランスナショナル・マイグレーション」と呼ばれるポスト・グローバル化時代の人の国際移動は、国民国家が抱えている二重のジレンマのもとで、人々の生き様を相対化することの重要性を問いかけている。

参考文献

梶田孝道（編）（2005）『新・国際社会学』名古屋大学出版会。

関根政美（2000）『多文化主義時代の到来』朝日新聞社。

関根政美（2013）「多文化社会の将来に向けて：ノルウェー事件と日本」吉原和男（編）
　　『現代における人の国際移動：アジアの中の日本』慶應義塾大学出版会、19-39頁。

西川長夫（2001）『増補 国境の越え方：国民国家論序説』平凡社。

平野健一郎（2006）「国際移動時代のナショナリズムと文化」『インターカルチュラル』第4号、日本国際文化学会年報、2-22頁。

ブルーベイカー, R.（2016）（佐藤成基・高橋誠一・岩城邦義・吉田公記編訳）『グローバル化する世界と「帰属の政治」：移民・シティズンシップ・国民国家』明石書

店。なお、本論文で引用した初出論文は、Rogers Brubaker（2015）"Migration, Membership, and the Nation-State", in Rogers Brubaker, *Grounds for Difference*, Harvard University Press, pp.131–44.

あとがき

　本書の構想を執筆者のあいだで最初に検討しはじめたのは、2015年の9月であった。2011年4月から開始した科学研究費助成事業＜基盤研究Ｂ＞（海外学術調査・課題番号23402064、平成23年度〜26年度）「人の国際移動と多文化社会の変容に関する比較教育研究」が終了したことによるものであり、本書はその成果を踏まえたものである。

　本書の各論文は、各執筆者の協力により、同年の秋から翌2016年の春にかけて脱稿された。それにもかかわらず、実際の刊行がこのように遅くなってしまったのは、ひとえに編者の責任である。特にこの2年間という期間は、世界の各地において、本書のテーマである人の国際移動とそれに伴う多文化社会における変容の課題が様々なかたちで噴出した。そうした社会的事象は、その都度、本書の各論文が問いかける移動する人々をめぐる様々な課題の複雑さを浮き彫りにした。それらは共同研究を始めた2011年の時点で構想した「人々の移動と教育の関係性を比較教育学の観点とらえなおす」という視点を再認識させるとともに、グローバル化からポスト・グローバル化へと進む移行期に、あらためて国民国家の存在とそのあり方を相対化することの意義を明確なものとした。本書の主題にあえて「国民国家」という表現を用い、その新たなあり方を問いかけようとしたのはまさにそうした趣旨からである。

　他方、本書では扱うことができなかった点として、移動する人々の中に「好まざる移動」によって住み慣れた土地を離れ、新たな社会で生活を営まざるを得ない人々の存在がある。ここには戦火から逃れる避難民や、地球規模で問題になっている気候変動やそれに伴う自然災害の被災者が含まれる。こうしたやむを得ない事情によって移動せざるを得ない人々の実状と課題は、今後また別途慎重に検討する必要がある。こうした視点も含め、移動する人々をめぐるポスト・グローバル化時代の市民社会のあり方については、今後取り組むべき課

題が多く残されている。

　最後に、本書を刊行できる運びとなったのは、本書の企画の段階から方向性を共に考え、編集を丁寧にかつ迅速に進めてくださった明石書店の取締役編集部長の安田伸氏のおかげである。本書の企画を練った最初の段階から、安田氏は本書で取り上げた「国民国家の新たなありかた」という考え方を共に追究し、著者らの意向を十分に尊重しながら、編集者としての長年のキャリアと高い知見を活かして随所に的確な助言をくださった。安田氏との編集過程における対話の蓄積が、本書を大きく支えている。また刊行準備に時間がかかりながらも、出版事情が厳しい中、刊行にご理解とご協力を賜り、辛抱強く見守ってくださった明石書店の石井昭男会長、大江道雅社長に執筆者を代表して心よりお礼申し上げたい。

　2017年9月

編者　杉村 美紀

著者紹介 （執筆順、＊は編著者）

＊杉村 美紀（すぎむら・みき）　はじめに・序章・第3章・終章・あとがき
上智大学総合人間科学部教授。専門：比較教育学、国際教育学、多文化教育論。主な著書：『人間の安全保障と平和構築』（共著、日本評論社、2017年）、『多文化共生社会におけるESD・市民教育』（共編著、上智大学出版、2014年）、『比較教育研究：何をどう比較するか』（共訳書、上智大学出版、2011年）、『マレーシアの教育政策とマイノリティ：国民統合のなかの華人学校』（東京大学出版会、2000年）。

近藤 孝弘（こんどう・たかひろ）　第1章
早稲田大学教育・総合科学学術院教授。専門：歴史／政治教育学、比較教育学、現代ドイツ社会論。主な著書：『統合ヨーロッパの市民性教育』（編著、名古屋大学出版会、2013年）、『東アジアの歴史政策：日中韓 対話と歴史認識』（編著、明石書店、2008年）、『ドイツ・フランス共通歴史教科書【近現代史】：ウィーン会議から1945年までのヨーロッパと世界』（共監訳、明石書店、2016年）。

アーノルト・メンゲルコッホ（Arnold Mengelkoch）　第2章
ベルリン・ノイケルン区の移民統合担当官および同区移民協議会長。1982年以来ノイケルン区役所に勤務し、若者支援ソーシャルワークの他、困難を抱える家族などへの各種教育事業に従事してきた。2007年からは区の統合局において市民サービスを推進している。

フランソワーズ・ウヴラール（Françoise Œuvrard）　第4章
元フランス国民教育省、ポワチエ大学非常勤講師。専門：教育社会学。主な著書：「学区制に関する研究と論争」（園山大祐編『学校選択のパラドックス』勁草書房、2012年）、Cacouault-Bitaud & Œuvrard, *Sociologie de l'éducation*, La découverte, 2009（第4版）、Œuvrard & Glasman, *La déscolarisation*, La dispute, 2011（第2版）。

園山 大祐（そのやま・だいすけ）　第4章・第5章
大阪大学大学院人間科学研究科准教授。専門：比較教育社会学。主な著書：『岐路に立つ移民教育：社会的包摂への挑戦』（編著、ナカニシヤ出版、2016年）、『教育の大衆化は何をもたらしたか：フランス社会の階層と格差』（勁草書房、2016年）、『比較教育』（監訳、文教大学出版事業部、2011年）、『日仏比較 変容する社会と教育』（共編著、明石書店、2009年）。

江原 裕美（えはら・ひろみ）　第6章
帝京大学外国語学部教授。専門：地域研究（ラテンアメリカ）、比較国際教育学。主な著書：『国際移動と教育：東アジアと欧米諸国における国際移民をめぐる現状と課題』（編著、明石書店、2011年）、『内発的発展と教育：人間主体の社会変革とNGOの地平』（編著、新評論、2003年）、『開発と教育：国際協力と子どもたちの未来』（編著、新評論、2001年）。

二井 紀美子（にい・きみこ）　第7章
愛知教育大学教育学部准教授。専門：比較教育学、ブラジル民衆教育、在日外国人教育。主な著書・論文：『岐路に立つ移民教育: 社会的包摂への挑戦』（共著、ナカニシヤ出版、2016年）、『世界の生涯学習：現状と課題』（共著、大学教育出版、2016年）、「日本の公立学校における外国人児童生徒教育の理想と実態—就学・卒業認定基準を中心に—」（『比較教育学研究』51号、2015年）。

丸山 英樹（まるやま・ひでき）　第8章
上智大学グローバル教育センター准教授。専門：比較教育学、教育社会学、国際教育協力論。主な著書：『トランスナショナル移民のノンフォーマル教育：女性トルコ移民による内発的な社会参画』（明石書店、2016年）、『グローバル時代の市民形成〈岩波講座教育 変革への展望7〉』（共著、岩波書店、2016年）、『ノンフォーマル教育の可能性：リアルな生活に根ざす教育へ』（共編著、新評論、2013年）。

移動する人々と国民国家
──ポスト・グローバル化時代における市民社会の変容

2017 年 9 月 29 日　初版第 1 刷発行

編著者　杉　村　美　紀
発行者　石　井　昭　男
発行所　株式会社　明石書店

〒 101-0021
東京都千代田区外神田 6-9-5
電　話 03（5818）1171
FAX　03（5818）1174
http://www.akashi.co.jp
振　替 00100-7-24505

装丁　明石書店デザイン室
組版　朝日メディアインターナショナル株式会社
印刷・製本　モリモト印刷株式会社

（定価はカバーに表示してあります）　　　　　ISBN978-4-7503-4567-3

JCOPY〈（社）出版者著作権管理機構 委託出版物〉
本書の無断複写は著作権法上での例外を除き禁じられています。複写される場合は、そのつど事前に、（社）出版者著作権管理機構（電話 03-3513-6969、FAX 03-3513-6979、e-mail: info@jcopy.or.jp）の許諾を得てください。

トランスナショナル移民のノンフォーマル教育
女性トルコ移民による内発的な社会参画
丸山英樹著 ◉6000円

日仏比較 変容する社会と教育
園山大祐/ジャン＝フランソワ・サブレ編著 ◉4200円

国際移動と教育
東アジアと欧米諸国の国際移民をめぐる現状と課題
江原裕美編著 ◉3900円

ドイツ・フランス共通歴史教科書【現代史】
1945年以後のヨーロッパと世界
世界の教科書シリーズ㉓
P・ガイス、G・L・カントレック監修
福井憲彦、近藤孝弘監訳 ◉4800円

ドイツ・フランス共通歴史教科書【近現代史】
ウィーン会議から1945年までのヨーロッパと世界
世界の教科書シリーズ㊸
P・ガイス、G・L・カントレック監修
福井憲彦、近藤孝弘監訳 ◉5400円

東アジアの歴史政策
日中韓 対話と歴史認識
近藤孝弘編著 ◉3300円

現代ヨーロッパと移民問題の原点
1970、80年代、開かれたシティズンシップの生成と試練
宮島喬 ◉3200円

ヨーロッパにおける移民第二世代の学校適応
スーパー・ダイバーシティへの教育人類学的アプローチ
山本須美子編著 ◉3600円

新訂版 移民・教育・社会変動
ヨーロッパとオーストラリアの移民問題と教育政策
ジークリット・ルヒテンベルク編　山内乾史監訳 ◉2800円

移民の時代 フランス人口学者の視点
フランソワ・エラン著　林昌宏訳 ◉1900円

移民社会学研究
実態分析と政策提言1987-2016
駒井洋 ◉9200円

移住者と難民のメンタルヘルス
移動する人の文化精神医学
ディネッシュ・ブグラ、スシャム・グプタ編
野田文隆監訳　李創鎬、大塚公一郎、鵜川晃訳 ◉5000円

自治体がひらく日本の移民政策
人口減少時代の多文化共生への挑戦
毛受敏浩 ◉2400円

批判的教育学事典
マイケル・W・アップル、ウェイン・アウ、ルイアルマンド・ガンディン編
長尾彰夫、澤田稔監修 ◉25000円

現代国際理解教育事典
日本国際理解教育学会編著 ◉4700円

国際理解教育ハンドブック
グローバル・シティズンシップを育む
日本国際理解教育学会編著 ◉2600円

〈価格は本体価格です〉

外国人の子ども白書 権利・貧困・教育・文化・国籍と共生の視点から
荒牧重人、榎井縁、江原裕美、小島祥美、志水宏吉、南野奈津子、宮島喬、山野良一編
◉2500円

難民を知るための基礎知識 政治と人権の葛藤を越えて
滝澤三郎、山田満編著
◉2500円

レイシズムと外国人嫌悪 移民・ディアスポラ研究3
小林真生編著 駒井洋監修
◉2800円

「グローバル人材」をめぐる政策と現実 移民・ディアスポラ研究4
五十嵐泰正、明石純一編著 駒井洋監修
◉2800円

マルチ・エスニック・ジャパニーズ ○○系日本人の変革力 移民・ディアスポラ研究5
佐々木てる編著 駒井洋監修
◉2800円

難民問題と人権理念の危機 国民国家体制の矛盾 移民・ディアスポラ研究6
人見泰弘編著 駒井洋監修
◉2800円

移民政策研究 第9号 特集:排外主義に抗する社会
移民政策学会編
◉2800円

外国人の人権へのアプローチ
近藤敦編著
◉2400円

諸外国の初等・中等教育
文部科学省編著
◉3600円

生きるための知識と技能6 OECD生徒の学習到達度調査(PISA2015年調査国際結果報告書)
国立教育政策研究所編
◉3700円

PISA2015年調査 評価の枠組み OECD生徒の学習到達度調査
経済協力開発機構(OECD)編著 国立教育政策研究所訳
◉3700円

グローバル化と言語能力 自己と他者、そして世界をどうみるか
OECD教育研究革新センター編著 徳永優子、稲田智子、来田誠一郎、定延由紀、西村美由起、矢倉美登里訳 本名信行監訳
◉6800円

多様性を拓く教師教育 多文化時代の各国の取り組み
OECD教育研究革新センター編著 斎藤里美監訳
◉4500円

移民の子どもと格差 学力を支える教育政策と実践
OECD編著 斎藤里美監訳 布川あゆみ、本田伊克、木下江美訳
◉2800円

移民の子どもと学力 社会的背景が学習にどんな影響を与えるのか
OECD編著 斎藤里美監訳 木下江美、布川あゆみ訳
◉3200円

移民の子どもと学校 統合を支える教育政策
OECD編著 三浦綾希子、大西公恵、藤浪海訳
◉3000円

〈価格は本体価格です〉

グローバル化する世界と「帰属の政治」

ロジャース・ブルーベイカー 著
佐藤成基、髙橋誠一、
岩城邦義、吉田公記 編訳

四六判／上製／368頁
◎4600円

国民国家やネーションを中心に置いた実際的観点から、グローバル化する世界における移民、シティズンシップ、ナショナリズム、エスニシティをめぐる問題を精緻に考察する。近年の移民／難民問題、世界情勢を考察する上でも示唆に富む議論を展開。

● **内容構成**

序章　集団からカテゴリーへ
● **第1部　グローバル化する世界と国民国家**
第1章　移民、メンバーシップ、国民国家
第2章　ネーションの名において
第3章　ナショナリズム、エスニシティ、近代
● **第2部　「帰属の政治」と移民政策**
第4章　ドイツと朝鮮における越境的メンバーシップの政治〔ジェウン・キムとの共著〕
第5章　同化への回帰か？
● **第3部　認知的視座に向けて**
第6章　認知としてのエスニシティ〔マラ・ラブマン、ピーター・スタマトフとの共著〕
第7章　分析のカテゴリーと実践のカテゴリー
《編訳者解説》グローバル化する世界において「ネーション」を再考する〔佐藤成基〕

明石ライブラリー 82
フランスとドイツの国籍とネーション
国籍形成の比較歴史社会学
ロジャース・ブルーベイカー 著
佐藤成基、佐々木てる監訳
◎4500円

フランスの移民と学校教育〔オンデマンド版〕
池田賢市
◎6000円

オランダとベルギーのイスラーム教育
公教育における宗教の多元性と対話　見原礼子
◎6500円

変革期イスラーム社会の宗教と紛争
塩尻和子編著
◎2800円

異文化間教育学大系1
異文化間教育学会企画
異文化間に学ぶ「ひと」の教育
小島勝、白土悟、齋藤ひろみ編
◎3000円

異文化間教育学大系2
異文化間教育学会企画
文化接触における場としてのダイナミズム
加賀美常美代、徳井厚子、松尾知明編
◎3000円

異文化間教育学大系3
異文化間教育学会企画
異文化間教育のとらえ直し
山本雅代、馬渕仁、塘利枝子編
◎3000円

異文化間教育学大系4
異文化間教育学会企画
異文化間教育のフロンティア
佐藤郡衛、横田雅弘、坪井健編
◎3000円

〈価格は本体価格です〉